2030
지식근로자가 되는 길

김길룡 지음

백산서당

머리말

2020년대에 우리는 '지식사회'로 진입하고, 지식사회는 글로벌 지식사회와 글로벌 시민사회, 인공지능사회, 드림 소사이어티, 돌봄경제사회 및 솔 매니지먼트 시대를 파생하면서 2030년대로 이어질 전망이다. 지식이 경쟁력인 지식사회는 지식 창출이 핵이 되어, '지식의 창출'을 중심으로 일대 변화가 일어난다. 일의 본질은 '지식근로'로, 조직은 '자기관리팀제'로, 경영은 '지식경영'으로 전환한다. 그리고 조직구성원은 '지식근로자'로 전환한다.

'지식근로자'는 2030 일터의 인간상이다. 일터 구성원은 2030 지식사회에 대한 안목과 통찰력을 쌓고 지식근로 역량을 키우는 데 전념하여, 일 속에서 자아를 실현하며 조직발전에 기여하는 유능한 지식근로자로 자리잡아야 한다.

이러한 취지에서 이 책은 '지식사회 이해하기', '한국 2030', '길러야 할 역량' 등 총 3부 12장으로 구성되며, 1부·2부·3부는 순차적 과정으로 구조화된다. '제1부'는 지식사회를 이해하는 과정이고, '제2부'는 '제1부'의 토대 위에 '2030 한국'에 대한 안목과 통찰력을 키우는 과정이다. '제3부'는 '제1부'와 '제2부'의 토대 위에 '2030 지식근로자'가 되기 위해 갖추어야 할 역량을 개발하는 과정이다.

이 책의 내용구성상 특히 역량을 개발하는 과정인 '제3부 길러야 할 역량'에서는 각 장의 필요한 곳에 '탐구활동'을 제시하여, 효과적인 탐구수행을 통해 실천적 역량이 길러지도록 하였다. 또한 각 장의 필요한 곳에 다양한 '자기진단도구'를 제시하여, 효과적인 진단학습으로 성찰적 지식이 체득되도록 하였다.

제1부 지식사회 이해하기

'제1부'는 '2030 지식사회'를 이해하는 과정이다. 이를 위해 먼저 지식사회의 기반이 되는 '지식기반사회'를 고찰한 후, 지식사회의 개념과 특징을 밝히고 이에 따른 일터변화추세를 제시한다. 다음으로 지식사회의 조직의 근간인 '자기관리팀제'와 '지식경영'을 탐구한 후, 2030 일터의 인간상인 '지식근로자'의 특성을 밝히고 그 개발 방향을 탐색한다.

· **제1장 지식기반사회:** 정보와 학습이 지식의 기반이 되듯, 정보화사회와 학습사회는 지식사회의 기반이 된다. 이런 의미에서 이 두 사회를 '지식기반사회'라 통칭한다. 이 두 사회는 한 몸이어야 하므로 정보화사회 자체는 반드시 학습사회로 구축되어야 한다. 이것이 지식사회로 가는 길이다. 여기서는 먼저 정보화사회를 개괄적으로 살핀 후, 정보화사회의 성숙단계에 있는 우리가 전념해야 할 학습사회의 구축 방안을 집중 논의한다.

- **제2장 지식사회**: 지식사회는 지식이 사회발전을 이끄는 동시에 그 자체가 경쟁력이 되는 사회이다. 이에 지식 창출이 핵이 되어, 지식의 창출을 중심으로 일대 변화가 일어난다. 일의 본질은 '지식근로'로, 조직은 '자기관리팀제'로, 조직구성원은 '지식근로자'로 전환한다. 이러한 지식사회의 개념과 특징을 밝히고, 이에 따른 일터변화추세를 제시한다.

- **제3장 자기관리팀제**: '팀제'란 팀워크를 기반으로 팀원의 암묵지를 표출 및 통합하여 창의적 지식을 산출하고 이를 적용, 고부가가치를 창출하는 조직이다. '자기관리팀제'는 팀제의 이상형으로, 지식근로자에게 가장 적합한 팀제 유형이다. 팀제는 이에 접근해야 경쟁력이 높아진다. 여기서는 먼저 '자율적 실행주체'로 존재하는 팀원의 본질을 밝히고 이를 기초로 '팀제'의 개념을 제시한다. 그리고 팀제의 분석을 기초로 우리가 지향해야 할 '자기관리팀제'의 개념과 특성을 제시하고 그 구축방안을 모색한다.

- **제4장 지식경영**: '지식경영'이란 조직을 둘러싼 환경변화 추세를 예측하고 이에 탄력적으로 대응하는 지식을 밝힌 후, 해당 지식을 창출, 공유 및 적용하여 창의적 성과를 내는 일로, 지식사회의 조직은 지식경영을 통해 경쟁력을 높인다. 여기서는 먼저 지식경영의 개념 및 지식의 개념과 기능을 살핀 후 지식창출의 기본 틀인 '지식의 변환'을 고찰한다. 그리고 지식경영

의 핵인 '지식 창출의 과정'을 집중 탐구한 후 '지식경영 실천행동 자기진단'에 대한 진단학습을 한다. 이상을 통해 지식경영에 대한 안목과 지식경영능력을 키운다.

· **제5장 지식근로자:** 2030 일터에서는 일의 본질이 '지식근로'로 전환한다. 일터 구성원은 직종·직급·직위를 떠나 각자의 분야에서 지식근로를 하는 '지식근로자'로 전환해야 한다. 바로 지식근로자는 지식사회가 지향하는 인간상이다. 2030 일터의 경쟁력은 지식근로자에 접근하는 사원이 많을수록 강화된다. 여기서는 먼저 지식근로자의 개념과 당위성을 밝힌 후, 창조적 지식인·평생학습자·평생직업인 등 지식근로자의 특성을 밝히고 그 개발 방향을 탐색한다.

제2부 한국 2030

'제2부'는 '제1부'의 토대 위에 '2030 한국'에 대한 안목과 통찰력을 키우는 과정이다. 먼저 2020년대를 거쳐 2030년대로 이어질 한국사회의 '6대 메가트렌드', 즉 글로벌 지식사회와 글로벌 시민사회, 인공지능사회, 드림 소사이어티, 돌봄경제사회 및 솔 매니지먼트 시대의 개념과 특성을 분석한 후, 여기서 파생하는 사회변화추세를 논의하고 그 대안을 탐색한다.

다음으로 2030 대변혁을 헤쳐나갈 키워드로 '영혼'과 '인공지능'을 세우고 '솔 매니지먼트(영혼이 있는 경영)'에 대해 심층 논의한 후, '2030 인공지능 환경'이 요구하는 인적자원의 특성을 밝히고 그 대안을 탐색한다. 끝으로 이상의 내용을 고찰하여 '2030 한국'에 펼쳐질 변화를 12가지로 집약하고 또 '2030 대변혁'이 몰고 올 변화를 분야별로 전망한 후, 그 대안을 탐색한다.

· **제1장 대변혁을 읽자:** 먼저 2030 한국에 펼쳐질 '6대 메가트렌드'의 개념과 특성을 분석한 후, 여기서 파생하는 사회변화 추세를 논의하고 그 대안을 탐색한다. 특히 이 추세 속에서 한국인의 수월성을 기반으로 '글로벌 한국인 디아스포라 패러다임'을 창조하기 위한 방안을 모색한다. 이 토대 위에 '드림 소사이어티 강국'과 '인공지능 강국'을 우선적인 2030 국가 비전으로 세운 후, 그 당위성을 밝히고 성취 방안을 탐색한다.

· **제2장 우리사회의 변화를 이끌 2가지 키워드:** 2030 대변혁을 헤쳐나갈 키워드로 '영혼'과 '인공지능'을 세운다. 키워드 '영혼'에서는 '솔 매니지먼트'에 대해 심층 논의하고 '자기 솔 매니지먼트'의 의의를 밝힌 후, 영혼 발현을 위한 영성수련의 방법으로 명상수련, 체험수련, 자아실현 중심 수련 등을 집중 탐구한다. 키워드 '인공지능'에서는 인간의 정신노동마저 대체하는 '2030 인공지능 환경'이 요구하는 인적자원의 특성을 밝힌 후, 솔 매니지먼트 전문인력, 돌봄경제 전문인력, 드림 소사이어티 전문인력 등 그 대안을 탐색한다.

· **제3장 우리의 삶이 이렇게 펼쳐진다:** 앞 제1·2장의 내용을

고찰하여 '2030 한국'에 펼쳐질 변화를, 역사상 초유의 구조조정, 대대적인 인구이동, 기업들의 시골 이전 등 12가지로 집약하고 또 대변혁이 몰고 올 변화를 분야별로 전망한 후, 그 대안을 탐색한다. 특히 2030 한국의 가정은 고학력·자율 가정, 친환경·친영성 가정 등으로 특징화되고, 직장은 솔 매니지먼트와 인공지능이 중추가 되며, 교육은 홈스쿨링·캐어 스쿨링·수월성 교육 등을 통해 창의적 지식근로자 양성에 주력할 것으로 예상된다. 이들 변화는 '2030 한국사회의 특성'으로 자리잡아 우리사회의 21세기 전반기를 이끌고 갈 전망이다.

제3부 길러야 할 역량

'제3부'는 '제1부'와 '제2부'의 토대 위에 '2030 지식근로자'가 되기 위해 갖추어야 할 역량을 개발하는 과정이다. '6대 메가 트렌드'의 복합적 특성을 나타내는 2030 일터의 구성원은 '지식근로의 기반이 되는 역량(지식근로 기본능력)'을 바탕으로 각자의 분야에서 지식근로를 한다.

앞 '제1부'와 '제2부'에서 제시한 이들 역량 중 핵심적인 것을 간추리면, 지식창출 학습을 유발하는 '내면적 자원', 학습의 기초역량인 '기본학습능력', 팀워크를 만드는 '팀워크 역량', 미래통찰과 지식경영을 밑받침하는 '예측능력' 및 '지식경영능력' 등으로 집약된다. 이 중 '지식경영능력'은 앞 '제1부'에서 제시하였기에, 여기서는 나머지 4가지 역량을 집중 논의한다.

· **제1장 내면적 자원 개발:** 정보에 학습을 가하면 지식이 창출된다. 바로 이 '지식창출 학습'은 개인의 내면적 자원으로부터 유발된다. '지식'이 경쟁력인 지식사회가 도래하고 있는 지금, 일터 구성원의 내면적 자원 개발은 절박한 과제이다. 여기서는 먼저 내면적 자원의 개념과 기능을 살피고 그 개발의 요체는 바로 '감성능력 개발'에 있음을 밝힌다. 그리고 자기인식·자기 동기화·감정이입·대인관계 등 감성능력 구성요소의 개념과 특성을 살피고 이를 기초로 그 개발 방안을 제시한다.

· **제2장 기본학습능력 기르기:** 2030 일터의 구성원은 '기본학습능력'을 키워 유능한 지식근로자로 자리매김해야 한다. 기본학습능력은 '기초능력(core competence)'과 '학습을 위한 학습능력'으로 구성되는데, 학습을 위한 학습능력을 체화하고 이 토대 위에 기초능력을 키우면 시너지가 나타나 기본학습능력은 학습의 기초역량으로 정착된다. 여기서는 먼저 '기초능력'을 구성하는 독해력·작문력·수리력의 개념과 기능을 살핀 후 그 개발 방안을 탐색한다. 그리고 '학습을 위한 학습능력'의 개념과 기능을 살핀 후 '학습자 자기학습활동'을 중심으로 그 개발 방안을 모색한다.

· **제3장 팀워크 역량 기르기:** 여기서는 먼저 '팀워크'의 개념을 제시한 후, '의사소통능력'과 '리더십'은 팀워크를 만드는 원

천임을 밝힌다. 팀 구성원은 의사소통능력과 리더십을 키워 탁월한 팀워크 역량을 갖추는 데 전력해야 한다. 의사소통능력 개발을 위해, 직업교육 선도국가 영국의 '의사소통능력 개발 프로그램'을 분석하여 그 개발 방안을 제시한 후 '의사소통능력 자기진단'에 대한 진단학습을 한다. 한편 리더십 개발을 위해, 2030 리더십 패러다임 전환에 따라 새롭게 대두하는 리더십능력 중 '비전창출능력'을 중점 논의한 후 '나의 비전 만들기 실습모형'을 실습한다.

· **제4장 예측능력 기르기**: 프로페셔널로 기능하는 2030 일터의 구성원은 미래 통찰과 지식경영을 밑받침하는 '예측능력'을 갖추어야 한다. 먼저 예측을 하는 학문인 '미래학'의 개념과 기능 및 외삽주의·전이주의·급진주의 등 '3대 미래학파'의 미래시각을 살피고, 이를 기초로 가능성 중심 미래시각, 예측의 가치, 예측의 형태 등 예측의 기초이론을 탐구하여 예측에 대한 안목을 키운다. 이 토대 위에 추세외삽, 시나리오작성법, 델파이조사법을 중심으로 예측방법을 살핀 후, '2030 한국의 사회변화 추세'의 발생 시기를 추정해보는 '델파이조사'를 실습함으로써 예측능력을 키운다.

이상의 과정을 통해 '6대 메가트렌드'의 복합적 특성을 나타내는 '2030 지식사회'에 대한 안목과 통찰력을 쌓고 지식근로

역량을 키움으로써, 일터 구성원이 일 속에서 자아를 실현하며 조직발전에 기여하는 유능한 지식근로자로 자리매김하기를 바라는 마음이다. 이 책을 출판해주신 백산서당의 김철미 주간님과 편집진께 감사를 드린다.

2024년
저자

차 례

◇ 머리말 · 3

제1부 지식사회 이해하기

제1장 지식기반사회 ················· 19
  1. 정보화사회 · 21
  2. 학습사회 · 21

제2장 지식사회 ···················· 27
  1. 지식사회의 개념과 특징 · 27
  2. 일터변화추세 · 32

제3장 자기관리팀제 ················ 37
  1. 팀제 · 37
  2. 자기관리팀제 · 41

제4장 지식경영 · 45

1. 지식경영과 지식 · 46
   - 가. 정보 · 47
   - 나. 지식 · 48
   - 다. 암묵지 · 51
2. 지식의 창출 · 56
3. 지식경영 역량 기르기 · 62

제5장 지식근로자 · 73

제2부 한국 2030

제1장 대변혁을 읽자 · 83

1. 대변혁의 속성 · 84
2. 대변혁의 파장 · 98
3. '글로벌 한국인 디아스포라'로 탄생하기 · 106
   - 가. 교육체제를 혁신하자 · 108
   - 나. 정신적 역량이 큰 정부를 만들자 · 110
   - 다. 글로벌 지식허브를 만들자 · 113
   - 라. '글로벌 한국인 디아스포라 패러다임'을 창조하자 · 115
4. 대변혁을 이끌 국가 비전 · 119

제2장 우리사회의 변화를 이끌 2가지 키워드 ⋯ 125
   1. 영혼 · 125
      가. 영혼의 표출 · 126
      나. 자기 솔 매니지먼트 · 134
   2. 인공지능 환경 · 135

제3장 우리의 삶이 이렇게 펼쳐진다 ⋯⋯⋯⋯ 141
   1. 난맥상 · 141
   2. 12가지 사회변화 · 146
   3. 분야별 변화 · 151
      가. 가정 · 151
      나. 직장 · 154
      다. 교육 · 160

제3부 길러야 할 역량

제1장 내면적 자원 개발 ⋯⋯⋯⋯⋯⋯⋯⋯ 171
   1. 내면적 자원이란 · 171
   2. 내면적 자원 개발 · 172

제2장 기본학습능력 기르기 ⋯⋯⋯⋯⋯⋯ 179
   1. 기초능력 · 180
   2. 학습을 위한 학습능력 · 184

제3장 팀워크 역량 기르기 ······················ 187

1. **의사소통능력** · 189
2. **리더십** · 196
   - 가. 리더십 패러다임의 전환 · 196
   - 나. 비전창출능력 · 198
   - 다. 나의 비전 만들기 · 201

제4장 예측능력 기르기 ·························· 211

1. **미래학** · 212
   - 가. 미래학이란 · 213
   - 나. 미래학의 발달과 학문적 성격 · 215
2. **미래학파** · 219
   - 가. 외삽주의 · 219
   - 나. 전이주의 · 221
   - 다. 급진주의 · 224
3. **예측의 기초** · 225
   - 가. 가능성 중심 미래시각 · 226
   - 나. 예측의 가치 · 228
   - 다. 예측의 형태 · 230
4. **예측방법** · 232
   - 가. 추세외삽 · 234
   - 나. 시나리오작성법 · 236
   - 다. 델파이조사법 · 240

◇ 참고문헌 · 248

1
지식사회 이해하기

우리는 2020년대에 지식사회로 진입하고, 지식사회는 글로벌 지식사회와 글로벌 시민사회, 인공지능사회, 드림 소사이어티, 돌봄경제사회 및 솔 매니지먼트 시대를 파생하면서 2030년대로 이어질 전망이다(뒤 '제2부'에서 이에 대해 구체적으로 논의함). 지식이 사회발전을 이끄는 동시에 그 자체가 경쟁력이 되는 '지식사회'는 지식 창출이 핵이 되어, '지식의 창출'을 중심으로 일대 변화가 일어난다.

조직은 지식을 창출하는 조직인 '자기관리팀제'로, 경영은 환경변화에 탄력적으로 대응하는 지식을 창출, 공유 및 적용하며 창의적 성과를 내는 '지식경영'으로 전환한다. 또한 일의 본질은 일을 업그레이드하는 지식을 창출, 공유 및 적용하면서 창의적으로 일하는 '지식근로'로 전환한다. 그리고 일터 구성원은 직종·직급·직위를 떠나 각자의 분야에서 지식근로를 하는 '지식근로자'로 전환한다. 바로 지식근로자는 지식사회가 지향하는 인간상이다. 2030 일터의 경쟁력은 지식근로자에 접근하는 사원이 많을수록 강화된다. 우리는 일 속에서 자아를 실현하며 조직발전에 기여하는 유능한 지식근로자로 자리매김해야 한다.

지식사회의 이해를 위해, 먼저 지식사회의 기반이 되는 '지식기반사회'를 고찰한 후, 지식사회의 개념과 특징을 밝히고 이에 따른 일터 변화추세를 제시한다. 다음으로 지식사회의 조직의 근간인 '자기관리팀제'와 '지식경영'을 탐구한 후, 2030 일터의 인간상인 '지식근로자'의 특성을 밝히고 그 개발 방향을 탐색한다.

제1장 지식기반사회

　지식사회는 '지식이 사회발전을 이끄는 동시에 그 자체가 경쟁력이 되는 사회'이다. 지식기반사회란 지식사회의 기반이 되는 사회로, '정보화사회와 학습사회'를 통칭한다. 정보에 인간의 학습을 가해야 지식이 나오듯, 정보화사회는 학습사회를 구축해야 지식사회로 발전할 수 있다.
　정보와 지식의 관계를 살펴보자.
　자료(data)에서 정보(information)가 생성되고, 정보에 인간의 학습이 가해져 지식(knowledge)이 생성된다. 자료란 '사실적 일차자료(facts)'를 일컫는데, 통계수치이거나 사실일 수는 있으나 맥락이 없는 것은 자료로서 무가치하다. 정보란 '자료를 일정 기준에 의해 정교하게 분류한 것'이다. 각 포털의 콘텐츠를 보면, 무수한 자료가 일정 기준에 의해 정교하게 분류되어 말, 글, 동영상 등의 정보 형태로 화면에 전시된다. 그러므로 정보는 누구나 공유할 수 있고 무한 복제가 가능하다.

한편 '지식'이란 정보에 나만의 학습을 가해 분석 및 통합한 후, 통찰력을 가해 가공한 것을 개념화한 것이다. 따라서 지식은 공유와 복제가 불가능한 독창적인 나만의 것으로, 일이나 어떤 대상에 적용하여 고부가가치를 창출하는 나의 지적자산이다(Stapleton, 2003). 이렇듯 정보는 모두의 것이고, 지식은 나만의 것이다. 그렇기에 정보의 단순한 저장이나 축적은 무의미하다고 할 수 있다. 중요한 것은 정보에 학습을 가해 지식을 창출하는 일이다. 지식은 정보 안에 머물러 있으면 아무런 의미가 없다. 인간의 학습을 가해 적극적으로 가치 있는 지식으로 구현되고 창출되어야 한다.

이같이 정보와 학습이 지식의 기반이 되듯, 정보화사회와 학습사회는 지식사회의 기반이 된다. 이런 의미에서 이 두 사회를 '지식기반사회'라 통칭한다. 이 두 사회는 한 몸이어야 하므로, 정보화사회 자체는 반드시 학습사회로 구축되어야 한다. 바로 이것이 지식사회로 가는 길이다.

지금부터 지식기반사회, 즉 정보화사회와 학습사회를 살펴본다. 먼저 정보화사회를 개괄적으로 살핀 후, 정보화사회의 성숙단계에 있는 우리가 전력해야 할 학습사회의 개념과 의의 그리고 그 구축 방안을 집중 논의한다.

1. 정보화사회

정보화사회란 '사회 전반적으로 정보인프라(정보망)가 구축되는 사회'를 이른다. 사회 저변에 촘촘히 깔린 정보망을 기반으로 정보의 공유·교환·분배가 가속화하여, 정보가 인간생활을 지배하고 삶의 질을 결정한다. 정보망을 통해 누구나 정보에 접근할 수 있는 정보화사회는 사회구성원의 '지식창출 학습활동'을 촉진하여 학습사회의 기반을 마련해주었다는 데 큰 의의가 있다.

이러한 정보화사회는 아무리 성숙해도 단지 정보화사회일 따름이며, 그대로 지식사회로 도약하지 않는다. 반드시 학습사회를 구축해야 한다. 학습사회를 구축하지 않은 정보화사회는 무의미한 것이다. 정보화사회의 성숙단계에 있는 우리는 학습사회를 견고히 구축하는 데 전력하여 밝은 지식사회를 맞이해야 한다.

2. 학습사회

지식사회의 도래와 함께 지식 창출을 위한 '학습능력'이 절대적인 생존능력이 되면서 모든 사회구성원에게 학습능력을 길러주는 사회, 즉 학습사회가 대두하였다. 여기서 사회구성원에게 학습능력을 길러주는 일을 '학습인프라 구축'이라 통칭한다. 이렇게 보면 학습사회란 '사회 전반적으로 학습인프라가 구축되는 사회'이다(김길룡, 2012: 14).

학습능력은 인생의 모든 시기에 길러져야 하므로 학습인프라 구축, 즉 '학습능력을 길러주는 일'은 평생교육 차원에서 접근해야 마땅하나, 우선적으로 학교교육과 직장의 역할에 초점을 두어야 한다. 우리아이는 학령기가 되면 학교에 들어가 초등교육 6년, 중등교육 3년의 의무교육을 받아야 하고, 중·고·대학교든 학교교육을 마치면 각 일터에서 직업생활을 하는 것이 일반적이기 때문이다. 그러므로 학습능력은 학교교육뿐 아니라 직장에서도 잘 길러져야 한다. 학습능력이 잘 길러질 수 있도록 학교교육과 직장이 바뀌어야 한다. 바로 이것이 학습인프라를 구축하는 일이다(김길룡, 2017: 17-20).

먼저 학교교육에서의 '학습인프라 구축'을 살핀다.

무엇보다 '학교교육 패러다임'을 전통적인 교수자중심에서 '학습자중심'으로 전환하는 일이 중요하다. 이는 집단평균 중심에서 학생 개개인의 창의와 개성 중심으로(맞춤학습), 학습내용과 방법의 획일화에서 개별화로(개별화학습) 그리고 교실중심에서 현장중심으로(체험학습) 전환함을 의미한다. 또한 '제도권 교육'과 '제도권 밖 교육'이 획일적 분리에서 벗어나 유기적으로 결합하는 것을 의미한다. 이 점을 살펴보자.

제도권 교육(학교교육)과 제도권 밖 교육(사회교육)을 획일적으로 분리하는 것이 전통적인 교수자중심 교육이라면, 양자를 유기적으로 결합하여 시너지효과를 내는 것이 학습자중심 교육이다. 제도권 교육과 제도권 밖 교육을 분리하면 학교교육과 사회교육이 동시에 경직되어 '국가 교육력'의 약화를 초래하고, 이는 학습자들의 학습능력 약화로 이어지게 된다. 제도권 교육이란 본래 불충분하고 불완전하여 '제도권 밖 교육'이 가지고 있는 강점 및 장점으로 보완되어야 한다. 지식사회의 도래와 함께 제도권 밖 교육의 공공성이 크게 부각하면서 양 교육은 유기적으로 결합하여 시너지를 내고 있다. 사이버 대학, 기업체 사내대학, 학점은행제, 방과후 학교, 대안학교 프로그램 등이 좋은 예이다. 이렇듯 학교교육과 사회교육이 경직성에서 벗어나 유기적으로 결합할수록 국가 교육력은 강화되고, 이는 자연스레 학습자들의 학습능력 강화로 이어진다.

이상에서 논의한 '학습자중심 교육'의 중심에 학생이 놓일 때 이들의 학습능력은 크게 강화된다.

다음으로 직장에서의 학습인프라 구축을 살핀다.

전통적으로 직장은 권한과 책임의 정도에 따라 직위가 수직 서열화되어 명령 일원화가 흐르는 '계층제'를 취하였다. 이같이 명령과 복종, 통제를 미덕으로 하는 조직에서는 학습이 이루어질 수 없고, 지식의 창출은 더더욱 불가능하다. 현업에서 일과 학습을 밀착하여 일을 업그레이드하는 지식을 창출 및 적용하는 '학습조직'을 구축함으로써, 조직구성원의 학습능력을 키워 조직의 경쟁력을 높여나가야 한다. 학습조직의 구축이야말로 학습인프라를 구축하는 일인 동시에 조직의 경쟁력을 높이는 일이다.

'학습조직'이란 현업에서 일과 학습을 밀착하여 일을 업그레이드하는 지식을 창출, 공유 및 적용하여 창의적 성과를 내는 조직이다. 학습조직은 인간요인, 조직요인, 정보기술요인 등 '3대 요소'가 유기적으로 결합하여 구축된다. 그러므로 인간요인인 조직구성원의 학습능력 개발, 조직요인인 팀학습을 촉진하는 자기관리팀제[1] 구축, 정보기술요인인 창의적 학습활동을 밑받침하는 지식·정보 공유체제 구축 등이 잘 성취되어야 한다(김길룡, 2017: 18-19 ; 곽상만 외, 1996: 267-276).

이 토대 위에 단순 반복적인 일상 업무는 프로그램으로 전산화하고, 조직구성원은 프로젝트 수행 학습활동에 전념한다. '나의 일'이란 '반드시 업그레이드해야 할 나의 연구과제(프로젝트)'이기에, 일을 하는 것은 곧 '프로젝트 수행 학습활동'을 하는 것이 된다. 프로젝트의 성취는 곧 지식의 창출이다. 이는 지식·정보 공유체제에 구축되고, 여기서 다양한 개인 및 팀 프로

---

[1] '자기관리팀(Self-management Team)'이란 팀 활동을 통해 팀 프로젝트를 기획·수행·평가하고, 그 결과에 대한 책임은 팀원 모두가 공유하는 '독립사업단위'를 이른다(뒤 '제3장 자기관리팀제'에서 이에 대해 구체적으로 논의함).

젝트가 개발되어 학습조직을 활성화한다.

지금부터 학교교육 패러다임을 학습자중심으로, 직장을 학습조직으로 전환하여 사회 저변에 학습인프라를 견고히 구축함으로써 밝은 지식사회를 맞이해야 한다.

제2장 지식사회

　지식이 사회발전을 이끄는 동시에 그 자체가 경쟁력이 되는 지식사회는 지식 창출이 핵이 되어, '지식의 창출'을 중심으로 일대 변화가 일어난다. 일의 본질은 '지식근로'로, 조직은 '자기관리팀제'로, 경영은 '지식경영'으로 전환한다. 그리고 조직구성원은 '지식근로자'로 전환한다.
　이와 같은 지식사회의 개념과 특징을 살피고, 이에 따른 일터 변화추세를 논의한다.

1. 지식사회의 개념과 특징

　지식사회란 '사회 전반적으로 지식인프라가 구축되는 사회'를 이른다(Lane, 1966 ; 하인호 외, 2002). 이 개념정의를 고찰하자. 먼저 '지식인프라'란 '지식'을 이르는 것으로, '가치 창출에 직결되는 지적자산'을 의미한다. 여기서 '가치'는 인간학적 가치, 사회적 가치, 경제적 부가가치로 분류된다. 인간학적 가치는 인간의 행복감을, 사회적 가치는 인간의 공익성을, 경제적 부가가치는 인간의 수익성을 의미한다. 이를 적용하면, '지식'이란 '사회구성원의 행복감, 공익성, 수익성 창출에 직결되는 지적자산'을 이른다. 곧 사회구성원에게 행복감, 공익성, 수익성을 주는 지적자산이다(김길룡, 2017: 45).

지식사회는 사회 전반적으로 이러한 의미를 갖는 지식이 구축되는 사회이므로, 사회구성원 모두가 행복감, 공익성과 경제적 풍요를 누리는 고품격 사회이다. 이는 우리가 반드시 성취해야 할 일류국가이다. 그러므로 지식사회는 '지식이 사회발전을 이끄는 동시에 그 자체가 경쟁력이 되는 사회'로 집약할 수 있다. 이에 지식 창출이 핵이 되어, 지식의 창출을 중심으로 일대 변화가 일어난다.

각 사회조직체는 그 고객에게 행복감, 공익성, 수익성을 주는 지적자산을 창출, 경쟁력을 높여나가야 한다. 이러한 '지적자산'으로 기술, 특허, 경영기법, 노하우, 데이터베이스, 사업전략, 조직문화, 교육프로그램, 업무매뉴얼, 제도와 규정 등을 들 수 있다.

인간의 행복감을 의미하는 '인간학적 가치'는 감성 만족, 정신적 건강, 자기 성장, 여가선용, 친자연 등의 요소로 구성된다. 각 사회조직체는 그 고객의 행복감을 높여주는 지적자산을 창출하여 경쟁력을 높여야 한다. 예를 들어, 단위학교는 학생들의 감성을 만족시키는 프로그램, 학생들의 정신적 건강을 높이는 프로그램, 학생들의 개성과 재능 등 수월성을 개발하는 자기 성장 프로그램, 정신문화활동·체험활동·봉사활동을 통해 심미적 기능을 기르는 여가선용 프로그램, 도심 속 친자연 프로그램 등을 개발 및 적용함으로써 학생들의 행복감을 높여주어야 한다. 학생들은 학교생활을 하는 가운데 행복감을 누려 학습동기가 유발되고, 이는 학구적 풍토를 만드는 동인이 된다. 이 학교는 학생의 선택을 받는 명품학교가 된다. 이와 마찬가지로 기업은 고객의, 공공기관은 국민이나 주민의 행복감을 높여주는 지적자산을 개발 및 적용하는 데 매진해야 한다. 이들 기업과 공공기관은 일류 기업, 일류 공공기관이 된다.

다음으로 인간의 공익성을 의미하는 '사회적 가치'는 친환경, 안전성, 기회비용 절감 등의 요소로 구성된다. 각 사회조직체는 그 고객의 공익성을 높여주는 지적자산을 창출하여 경쟁력을 높여야 한다. 예를 들어, 단위학교는 학생들의 친환경·안전성·기회비용 절감을 높이는 프로그램을 개발 및 적용함으로써, 학생들이 학교생활을 하는 가운데 공익성을 누리도록 해주어야 한다. 특히 교과별·교사별로 학생중심 지식DB를 구축하고 학생들과의 네트워킹 체제를 구축하면, 학생들의 개별화학습을 진작하여 학습 기회비용을 크게 줄여준다. 이 학교는 학생의 선택을 받는다. 이와 마찬가지로 기업은 고객의, 공공기관은 국민이나 주민의 공익성을 높여주는 지적자산을 개발 및 적용하는 데 매진해야 한다. 이들 기업과 공공기관은 각각 고객과 국민의 선택을 받는 일류 조직체가 된다.

이렇듯 지식사회를 살아가는 사람들은 자신에게 행복감과 공익성을 주는 지적자산을 원하여, 인간학적 가치와 사회적 가치는 자연스레 경제적 부가가치로 직결된다. 이러한 지식사회에서는 지식 창출을 중심으로 일대 변화가 일어난다. 지식사회가 도래하고 있는 지금, '지식의 창출'을 중심으로 부각하고 있는 특징적인 변화 몇 가지를 제시한다(김길룡·박병두, 2021: 22-24).

첫째, 권력이동 현상을 들 수 있다.

권력(power)이란 '남을 지배할 수 있는 힘'으로, 역사적으로 '희소자원(稀少資源)'을 가진 사람이 권력을 차지했다. 산업사회에서는 자본이 희소자원으로 자본 소유자가 권력을 차지했으나, 지식사회에서는 지식이 희소자원이 되어 지식 소유자가 권력을 차지한다. 스티브 잡스, 제프 베이조스, 일론 머스크 등 예에서 권력이동 현상을 찾아볼 수 있다. 이렇듯 지식이 곧 힘이 되는 지식사회의 일터에서는 학습을 하지 않아 창의성이 부족한 리더는 더이상 리더십을 발휘할 수 없다. 각 사회조직체의 리더는 학습친화적·지식친화적인 리더십으로 조직구성원의 능력을 극대화하고 이로부터 창의적 성과를 산출하는 데 전념해야 한다.

둘째, 조직구성원의 '내면적 자원 개발'을 강조한다.

내면적 자원(內面的 資源)이란 '인간두뇌에 내재되어 있는 지적·감성적·심미적 요소가 융합하여 발현하는 에너지'를 이르는데, 이 에너지는 개인의 '신념·가치관·창의력을 발동하는 동력'으로 작용한다(하인호 외, 2002: 148-149 ; 김길룡, 2017: 41-42). 그러므로 조직구성원에게 '지식사회 마인드'를 심어주고 이 위에 내면적 자원을 잘 발달시켜주면, 이들은 지식 창출의 신념·가치관·창의력이 활기차게 발동하여 자신만의 '지식창출 학습'을 적극 유발한다. 이렇듯 내면적 자원은 지식창출 학습을 유발하는 원천이므로, 조직구성원의 내면적 자원 개발은 절박한 과제로 인식되어야 한다('제3부 제1장'에서 '내면적 자원 개발'에 대해 구체적으로 논의함).

셋째, 일의 본질이 '지식근로'로 전환한다는 점이다.

'지식근로'란 전통 근로방식처럼 주어진 일을 그대로 충실히 수행하는 데서 벗어나, 현업에서 일과 학습을 밀착하여 일을 업그레이드하는 지식을 창출, 공유 및 적용하여 창의적 성과를 내는 일이다. 여기서 '나의 일'이란 '반드시 업그레이드해야 할 나의 연구과제(프로젝트)'이기에, 일을 하는 것은 곧 '프로젝트 수행 학습 활동'을 하는 것이 된다. 요컨대 지식근로란 학습을 기반으로 일을 업그레이드하는 지식을 창출, 공유 및 적용하면서 창의적으로 일하는 것이다. 지식사회의 일터는 '지식근로 하는 조직'으로 전환하는데, 이는 조직은 자기관리팀제로, 경영은 지식경영으로 그리고 조직구성원은 지식근로자로 전환함을 의미한다.

넷째, 경영은 '지식경영'이 주가 된다는 점이다.

조직이란 '환경에 놓여 살아가는 유기체', 즉 개방체제이므로, 자신을 둘러싼 환경변화에 탄력적으로 대응해야 생존과 발전이 가능하다(Kozar, 1989: 4-7). '지식경영'이란 조직을 둘러싼 환경변화추세를 예측하고 이에 탄력적으로 대응하는 지식은 무엇인가를 밝힌 후, 해당 지식을 창출, 공유 및 적용하여 창의적 성과를 내는 일이다(김길룡·박병두, 2021: 134-136). 지식사회의 일터는 지식경영을 통해 경쟁력을 높인다. 이렇듯 지식경영은 조직을 둘러싼 환경변화추세 예측에서 출발하므로, 조직구성원은 예측능력을 갖추고 조직은 '예측 팀'으로 기능할 것이 요구된다.

2. 일터변화추세

지식사회가 대두하면서 일터가 변화하고 있다. 지금 부각하고 있는 일터변화추세 중 특징적인 몇 가지를 제시한다. 이들 추세는 2030 일터를 지배하는 패러다임으로 자리잡을 전망이다. 지금부터 그 대안을 세워 실천해가야 한다(Marien et al., 2015 ; 김길룡·박병두, 2020: 123-127).

(1) 조직구성원을 수익을 창출하는 원천으로 본다.

지식사회의 일터 구성원은 '전체 속 한 부분'이 아닌 '전체 속 작은 전체'로서, 자율·창의·유연성을 가지고 스스로 리더십을 발휘하는 '자율적 실행주체'로 존재한다. 이들은 각자의 분야에서 '지식근로'를 하여 무한한 수익을 창출한다. 즉 환경 변화추세를 예측하고 이에 탄력적으로 대응하는 지식을 창출하는 일, 일과 학습을 밀착하여 일을 업그레이드하는 지식을 창출하는 일, 창출한 지식을 공유 및 적용하면서 창의적 성과를 내는 일 등은 모두 개개인의 능력 발휘에 의한 것이다.

조직에는 이미 풍부한 인적자원이 존재한다. 단지 개발, 활용되지 않고 있을 뿐이다. 조직구성원을 한낱 보수를 축내는 소비지출자로 보는 타성을 하루속히 벗어던지고, 수익을 창출하는 원천으로 보아 이들의 인적자원을 개발, 활용하는 데 전념해야 한다.

(2) 경영의 요체는 '수확체증법칙의 극대화'가 되고 있다.

다품종 소량생산이 주가 되는 지식사회의 일터는 수확체감법칙도 존재하나 주로 '수확체증법칙'의 지배를 받는다. 수확체감법칙(收穫遞減, decreasing returns)은 노동을 한 단위 추가하면 시간 경과에 따라 그 한 단위에 의한 수익은 체감해간다는 것이나, 수확체증법칙(收穫遞增, increasing returns)은 이와 대조적인 것으로 노동을 추가할수록 추가 한 단위에 의한 수익은 증가한다는 것이다.

지식사회가 대두하면서 경영의 요체는 '수확체증법칙의 극대화'가 되고 있다. 이는 하루속히 일의 본질을 '지식근로'로 전환할 것을 강력히 요구한다. 곧 주어진 일을 그대로 충실히 수행하는 전통 근로방식을 벗어던지고, 일과 학습을 밀착하여 일을 업그레이드하는 지식을 창출, 공유 및 적용하면서 창의적으로 일하여 시장을 선점하라는 것이다. 지식사회에서는 지식근로를 가속화하여 수확체증법칙을 극대화하는 조직만이 성장과 발전이 가능하다. 이를 위해 조직은 '자기관리팀제'로, 경영은 '지식경영'으로 그리고 조직구성원은 '지식근로자'로 전환해야 한다.

(3) 관리자에게는 학습친화적·지식친화적인 리더십이 요구된다.

전통조직은 권한과 책임의 정도에 따라 직위가 수직 서열화된 '계층제'를 근간으로 하여, 계층에 매달린 직위나 직책으로부터 힘이 발휘되었다. 그러나 지식이 곧 힘이 되는 지식사회의 일터에서는 학습을 하지 않아 창의성이 부족한 관리자는 더 이상 힘을 발휘할 수 없다. 관리자는 학습친화적·지식친화적인 리더십으로 조직구성원의 능력을 극대화함으로써 창의적 성과를 산출하는 데 전념해야 한다.

(4) 경영환경의 변화는 관리자의 역할 전환을 요구한다.

조직이란 환경에 놓여 살아가는 유기체, 즉 '개방체제'여서 자신을 둘러싼 환경변화에 탄력적으로 대응해야 생존과 발전이 가능하다. 지식사회의 도래에 따른 급속한 경영환경의 변화는 관리자에게 새로운 역할 수행을 요구한다. 업무의 지시·관리·조정·통제 등 전통적 역할에서 벗어나, 조직을 둘러싼 환경변화추세에 탄력적으로 대응하는 데 전력할 것을 요구한다. 즉 지식경영을 요구하는 것이다.

이러한 역할로, 급속한 환경변화 속에서 잠재적 경쟁자는 누구이고 잠재적 고객은 누구인가를 부단히 밝히고 대응해나가는 일, 조직을 둘러싼 환경변화추세를 예측하고 그 대응방안을 세우는 일, 조직구성원에게 개혁적 사고를 불러일으키는 일, 조직구성원이 도전적·모험적 직무를 개척하도록 진작하는 일, 조직구성원이 담당업무에서 창의적 학습결과를 부단히 산출하도록 밑받침하는 일 등을 들 수 있다.

(5) 효율성은 '사이버스페이스'를 활용한 네트워킹에 달려 있다.

이제 거대 규모와 거대 인력은 더이상 조직의 자산이 아니라 부채로 간주된다. 지식사회 일터의 경영 효율성은 규모가 아니라 네트워킹에서 온다. '최소 비용으로 목표를 최대로 달성하는 것'을 이르는 '효율성'은 경쟁력의 요체가 되는 항구적 경영가치로, 사이버스페이스를 활용한 네트워킹을 얼마나 확장하느냐에 달려 있다.

'사이버스페이스(cyberspace)'란 개인 두뇌와 컴퓨터 망이 연결된 가상공간이다. 나는 이 속에서 나만의 가치관·지식·아이디어를 창출하여 하나의 '작은 전체'가 되고, 이는 다시 컴퓨터 망을 통해 다른 사람들과 연결되어 거대한 '가상조직'을 만든다. 개개인의 무한 능력과 거대 가상조직이 결합하면 효율성은 극대화된다. 개인은 물론 조직의 경쟁력은 바로 사이버스페이스를 활용한 네트워킹 확장에 달려 있는 것이다.

(6) 승진경로가 폐쇄된다.

지식사회에서는 자연스레 승진경로가 폐쇄된다. 수평화를 근간으로 하는 지식사회의 일터는 수평이동이 주가 되어 승진기회를 최소화한다. 이에 상승이동을 위한 조직 내의 정치적 과정이나 역학관계가 점차 소멸하고, 조직구성원은 직장생활의 목표를 승진이 아닌 일 속에서 자아를 실현하는 데 두어 능력개발에 집중한다. 이 추세는 '개인능력 극대화 시대'를 가속화한다. 조직은 계속적으로 창의적 지식과 아이디어를 요구하여, 최소한의 승진기회는 담당업무에서 창의적 학습결과를 부단히 산출하는 구성원에게 돌아가게 된다.

제3장 자기관리팀제

지식사회는 지식 창출이 핵이 되는 사회이다. 조직구성원은 '지식을 창출하는 주체'로, 조직은 '지식을 창출하는 조직'으로 전환한다. 이것이 팀제로, 지식사회의 조직의 근간이 된다.

여기서는 먼저 '자율적 실행주체'로 존재하는 팀원의 본질을 밝히고 이를 기초로 '팀제'의 개념을 제시한다. 그리고 팀제의 분석을 기초로 우리가 지향해야 할 '자기관리팀제'의 개념과 특성을 제시하고 그 구축방향을 모색한다.

1. 팀제

팀제란 무엇인가?

팀제의 개념을 알기 위해서는 먼저 팀제 구성원에 대한 이해가 선행되어야 한다.

전통조직 구성원은 주어진 하나의 역할이나 기능을 그대로 충실히 수행하는 단순 역할분담단위나 기능단위로 존재하여, 이들은 '전체 속 한 부분'으로 한낱 부속품에 불과하였다. 이에 반해 팀제 구성원은 '전체 속 작은 전체' 즉 양자물리학적 존재로, 자율·창의·유연성을 가지고 스스로 리더십을 발휘하는 '자율적 실행주체'로 존재한다.

'양자물리학적 존재'란 무엇인가?

전통조직 구성원은 '뉴턴 물리학적 존재'이나 팀제 구성원은 '양자물리학적 존재'이다. 뉴턴 물리학적 관점은 '요소환원주의(要素還元主義)'를 이른다. 이는, 전체는 많은 부분들로 구성되는데 각 부분을 모두 합치면 그대로 전체로 환원된다는 것이다. 즉 '부분의 합은 전체와 같다'이다. 이 관점 아래 전체를 최소단위(원자단위)로 나누면 최소단위들의 합은 전체와 같기에, 최소단위로 나누어진 각 부분은 단순히 전체에서 분절된 것에 지나지 않는다. 조직은 인간 집합체이므로 조직을 전체로 보고 최소단위로 나누어진 각 부분을 조직구성원으로 보면, 조직구성원은 단순히 하나의 기능이나 역할을 분담하고 있는 기능단위나 역할분담단위에 불과하다. 곧 단순히 주어진 기능이나 역할을 충실히 수행하는 한낱 부속품 같은 존재이다.

그러나 양자물리학적 관점에서 보면 최소단위로 나누어진 각 부분(원자단위)은, 핵과 전자로 구성되고 핵은 양자와 중성자로 구성된 그 자체가 생명력을 가진 '소우주'이다. 즉 각 부분은 단순히 전체에서 분절된 종속적인 것이 아니라, 이미 전체와의 관계성을 가지고 전체에 영향을 미치는 '작은 전체'인 것이다. 이 관점에서 보면 조직구성원 개개인은 '전체 속 작은 전체'로, 자율·창의·유연성을 가지고 스스로 리더십을 발휘하는 '자율적 실행주체'로 존재한다. 그러므로 조직구성원은 자신의 전문성을 주체적으로 완성해가는 '자기완성적 프로페셔널'이며 부단히 창의성을 발휘하는 탁월한 '지식 창출의 주체'인 것이다. 따라서 부분을 합치면 시너지효과가 나타나 '부분의 합보다 큰 전체'가 산출된다(하인호 외, 2002: 228-236 ; 김길룡, 2017: 56-58).

이렇듯 조직구성원이 지식 창출의 주체라면, '지식의 창출'이란 무엇인가?

위에서 살폈듯이, 양자물리학적 존재인 조직구성원 개개인은 프로페셔널로서, 어떤 문제 해결을 위한 자기 나름의 탁월한 방안, 아이디어, 노하우 등 '암묵지'[1])를 가지고 있다. 이들 암묵지는 공유할수록 가치를 발하게 마련이다. 즉 공유하여 질적 통합할수록 창의적인 지식이 된다. 그렇기에 생동적인 팀워크를 기

---

1) '암묵지(暗黙知)'란 개인 두뇌에 내재되어 밖으로 드러나지 않는 자신만의 탁월한 지식을 이른다(뒤 '제4장 1. 지식경영과 지식' 중 '다. 암묵지'에서 이에 대해 구체적으로 논의함).

반으로 조직구성원의 탁월한 암묵지(개인지)를 충분히 표출한 후 질적 통합하여 창의적인 지식(조직지)으로 만들어야 한다. 이것이 지식의 창출이다. 즉 어떤 문제 해결을 위한 조직구성원의 암묵지를 표출 및 통합하여 '창의적인 조직지'로 변환하는 일이다.

이처럼 '지식을 창출하는 조직', 즉 개인지를 조직지로 변환하여 창의적 지식을 산출하는 조직이 바로 팀제이다. 드러커(Peter Drucker)는 팀제를 '오케스트라'에 비유하여 다음과 같이 설명하고 있다(이재규 역, 1995: 93-95 ; 김길룡, 2012: 48).

"오케스트라는 중간계층 없이 최고경영자인 지휘자와 각 악기의 프로페셔널인 연주자들로 구성된 수평조직이다. 각 연주자는 동일한 악보를 공유한 채(정보 공유) 지휘자의 지휘에 따라 생동적인 팀워크를 만들면서 각자의 전문성(개인지)을 표출 및 통합하여 '음악'이라는 창의적인 지식(조직지)을 산출한다. 음악은 관객에게 적용되어 그들에게 깊은 감동을 준다. 바로 '인간학적 가치'를 창출한다. 나아가 산출된 음원은 시공을 초월하여 만인에게 감동을 준다. 오케스트라는 모두가 일체가 되는 생동적인 팀워크를 기반으로 창의적인 지식을 산출하고 이를 적용, 고부가가치를 창출한 것이다."

요컨대, '팀제'란 팀워크를 기반으로 팀 구성원의 암묵지를 표출 및 통합하여 창의적 지식을 산출하고 이를 적용, 고부가가치를 창출하는 조직이다.

2. 자기관리팀제

이상적인 팀제는 무엇인가?

팀제는 '업무단위팀제'에서 '자기관리팀제'로 발달해간다. 이는 '조직 수평화'를 의미하는데, 수평화의 과정은 관리자의 소멸과 궤를 같이한다. 업무단위팀제의 관리자는 수평화에 따라 점차 그 기능이 약화되면서 팀 지도자에서 팀 조정자, 팀 경계관리자로 전환해간다. 팀 경계관리자 단계를 지나면 수평화의 성취와 함께 관리자가 소멸하고, 업무단위팀제는 자기관리팀제로 전환한다.[2]

---

[2] 업무단위팀제의 관리자는 기능이 약화되면서 팀 지도자에서 팀 조정자, 팀 경계관리자로 점진적으로 전환하고, 이 단계를 지나면 업무단위팀제는 자기관리팀제로 전환한다(Boyett & Conn, 1991: 183-186 ; 김길룡, 2012: 50-53).

① 팀 지도자(team leader): 관리자는 일상 업무에 관한 자기 권한의 일부를 팀원과 공유한다. 관리자는 팀 성과에 대한 책임을 진다.

② 팀 조정자(team coordinator): 관리자는 일상 업무에 관한 모든 권한을 팀원과 공유한다. 관리자는 팀 성과에 대한 책임을 진다.

③ 팀 경계관리자(team boundary manager): 관리자는 일상 업무에 관여

관리자는 축적된 노하우·경륜·통찰력 등 자신의 지적자산을 기반으로 팀 경영을 지원하는 하나의 '내부 자원인사'로 전환한다. 업무단위팀제 단계에서는 팀 성과에 대한 책임을 관리자가 지지만, 자기관리팀제에서는 팀원 모두가 공유한다. 이는 '리더십 공유'를 의미한다(Halal, 1996: 13-16 ; 김길룡, 2017: 135-136).

'자기관리팀(Self-management Team)'이란 팀 활동을 통해 팀 프로젝트를 기획·수행·평가하고, 그 결과에 대한 책임은 팀원 모두가 공유하는 '독립사업단위'를 이른다. 이렇듯 자기관리팀제는 팀 구성원의 팀 활동을 토대로 하는 '수평조직'이므로, 그 구성원은 '주어진 위치'가 아니라 프로젝트의 성격과 각자의 능력에 따라 최적임자가 '우선적 위치'를 차지하면서 해당 프로젝트를 주도하고, 그 결과에 대한 책임은 모두가 공유한다. 모두는 '잠재적 리더'가 된다. 이에 팀 구성원은 리더십을 공유한 채 개인능력을 극대화하면서 해당 프로젝트를 주도하는데 주력하여, 각자는 팀 성과 창출에 절대적으로 기여하게 된다. 자기관리팀제는 팀제의 이상형으로, 팀제는 이에 접근해야 경쟁력이 높아진다.

하지 않고, 팀 업무를 지원하고 인적·물적 자원을 확보하는 데 주력한다. 그러나 관리자가 팀 성과에 대한 책임을 진다.

이상의 내용을 기초로 자기관리팀제의 특성을 다음과 같이 집약한다.

첫째, 먼저 '팀제'란 팀워크를 기반으로 팀 구성원의 암묵지를 표출 및 통합하여 창의적 지식을 산출하는 조직이므로, 팀장을 포함한 모든 팀원은 동등한 실무자이며 프로페셔널로 기능한다는 점이다.

둘째, '자기관리팀'은 팀 활동을 통해 팀 프로젝트를 기획·수행·평가하고 그 결과에 대한 책임은 팀원 모두가 공유하는 독립사업단위라는 점에서, 팀원은 다기능 전문성과 복합적 직무수행능력을 갖춘 멀티플레이어로 기능한다는 점이다.

셋째, 팀 구성원은 프로젝트의 성격과 각자의 능력에 따라 최적임자가 '우선적 위치'를 차지하면서 해당 프로젝트를 주도하므로, 팀원 각자는 리더십 발휘주체로 기능한다는 점이다.

그렇기에 자기관리팀제는 뒤 '제5장'에서 다룰 지식사회의 인간상인 '지식근로자'에게 가장 적합한 조직으로, 우리가 지향해야 할 팀제 유형이라 할 수 있다. 우리의 팀제는 여전히 업무단위팀제 중심이어서 팀 구성원은 다기능 전문성과 리더십 역량이 부족하고, 팀장의 리더십 또한 전통적 관리자 유형에 가깝다. 기존의 팀제를 자기관리팀제로 업그레이드하여 팀원의 리더십 공유와 개인능력 극대화를 진작함으로써 시너지효과를 낳아야 할 것이다.

이와 같은 자기관리팀제의 특성에 비추어 그 구축방향을 다음과 같이 모색한다(김길룡·박병두, 2021: 44-45).

첫째, 무엇보다 프로젝트 개발의 원천인 '지식DB 공유체제'를 강화하는 일이 시급하다. 지식DB 공유체제에서 다양한 개인 및 팀 프로젝트들이 개발되어, 팀원은 각자의 능력에 적합한 프로젝트를 주도하고 성취하는 과정에서 자연스레 리더십, 창의성, 팀워크 역량 등이 길러져 자기관리팀제의 기반이 다져진다.

둘째, 팀장은 전통적 관리자 유형에서 벗어나, 축적된 노하우·경륜·통찰력 등 자신의 지적자산을 기반으로 내부 자원인사로 전환하여 팀 내에 리더십 공유를 진작해야 한다.

셋째, 팀원은 여전히 전담업무에 기초한 단기능 전문성에 편중되어 있어 자기관리팀제가 요구하는 다기능 전문성이 부족하다. 그러므로 팀원의 직무를 확대하는 동시에 도전적·모험적인 직무를 주어, 이들이 스스로 업무를 개척하고 수행해나가는 과정에서 자연스레 다기능 전문성과 학습능력, 창의성 및 리더십을 체화하는 토양을 만들어야 한다.

제4장 지식경영

　지식사회는 지식 창출이 핵이 되어, 지식의 창출을 중심으로 일대 변화가 일어난다. 일의 본질은 '지식근로'로, 조직은 '자기관리팀제'로, 경영은 '지식경영'으로 전환한다. 그리고 조직구성원은 '지식근로자'로 전환한다. 이들 변화는 한마디로 '지식사회'라는 환경변화에 탄력적으로 대응하는 일이다.
　왜 지식경영이 요구되는가?
　조직이란 환경에 놓여 살아가는 유기체, 즉 개방체제여서, 자신을 둘러싼 환경변화에 탄력적으로 대응해야 생존, 발전할 수 있기 때문이다. 지식경영이란 조직을 둘러싼 환경변화추세를 예측하고 이에 탄력적으로 대응하는 지식을 밝힌 후, 해당 지식을 창출, 공유 및 적용하여 창의적 성과를 내는 일이다. 지식사회의 일터는 지식경영을 통해 경쟁력을 높인다. 지식사회의 대두와 함께 경영환경이 급변하고 있는 지금, 적극적인 지식경영으로 기업·지역사회·개인의 경쟁력을 높여나가야 한다.

여기서는 먼저 지식경영의 개념 및 지식의 개념과 기능을 살핀 후 지식 창출의 기본 틀인 '지식의 변환'을 고찰한다. 다음으로 지식경영의 핵인 '지식 창출의 과정'을 집중 탐구한다. 끝으로 '지식경영 실천행동 진단도구'에 자기진단을 하여 '나는 평소에 지식경영을 얼마나 실천하고 있는가'를 확인하고 그 개선 방안을 세워본다. 이상을 통해 지식경영에 대한 안목을 쌓고 지식경영능력을 키운다.

1. 지식경영과 지식

지식경영이란 조직을 둘러싼 환경변화추세를 예측하고 이에 탄력적으로 대응하는 지식은 무엇인가를 밝힌 후(지식 확인), 해당 지식을 창출하고(지식 창출), 창출한 지식을 공유 및 적용하여 창의적 성과를 내는 일이다(지식 적용). 곧 ① 지식 확인, ② 지식 창출, ③ 지식 적용의 과정이다(김길룡, 2017: 37-38). 이렇듯 지식경영은 조직을 둘러싼 환경변화추세 예측에서 출발하므로, 조직구성원은 '예측능력'을 갖추고 조직은 '예측 팀'으로 기능할 것이 요구된다.

지식경영의 핵은 바로 지식의 창출에 있기에 먼저 지식이란 무엇인가를 알아야 한다. 그런데 지식은 정보에서 생성되므로 이에 앞서 정보란 무엇인가를 살핀다.

가. 정보

자료에서 정보가 생성되고, 정보에 인간의 학습이 가해져 지식이 생성된다. 자료란 '사실적 일차자료'를 이르는데, 통계수치이거나 사실일 수는 있으나 맥락이 없는 것은 자료로서 무가치하다. 정보란 '자료를 일정 기준에 의해 정교하게 분류한 것'이다. 각 포털의 콘텐츠를 보면, 무수한 자료가 일정 기준에 의해 정교하게 분류되어 말, 글, 동영상 등의 정보 형태로 화면에 전시된다.

이렇듯 정보는 말·글·동영상 등의 형태로 모두에게 똑같이 전달되어 모두가 공유하고 유통하는 어떤 '전달내용'이다. 그러므로 정보는 '모두의 것'으로 무한 공유와 무한 복제가 가능하다. 이러한 정보는 인간에 의해 해석된다. 정보는 개개인의 철학, 가치관, 경험, 상황, 맥락, 정서 등에 의해 해석되어, 정보에 대한 해석은 개인마다 다르다. 그렇기에 어떤 정보에 대해 내가 갖는 의미와 다른 사람이 갖는 의미는 어느 정도 유사할 수는 있어도 똑같을 수는 없다.

전달된 정보는 사용자의 철학, 가치관, 경험, 상황, 맥락, 정서 등과 포괄적으로 결합하여 서로 다른 해석을 가져온다. 정보는 사용자에 따라 다양한 가치를 나타내는 것이다. 이들 정보에 인간의 학습이 가해져 지식이 생성된다. 이러한 정보에 대해 다음과 같은 '정보의 속성'을 항상 마음에 새겨야 한다(Stapleton, 2003: 41-57).

무엇보다 정보는 곧 진부해진다는 점이다. 정보는 시간 흐름에 따라 가치가 소멸해간다. 1개월 후에는 정보의 5-10%가, 6개월 후에는 25%가, 1년 후에는 50%가 효용성을 상실하므로 항상 정보를 업그레이드하는 노력을 기울여야 한다. 또한 어떤 정보라도 상황을 변혁하는 잠재력을 가지고 있어, 사소한 정보, 배제하거나 포기한 정보라도 가치 있게 보아야 한다는 점이다.

나. 지식

정보에 인간의 학습이 가해져 지식이 생성된다. 바로 이 '지식창출 학습'은 개인의 '내면적 자원'에서 유발된다. 인간은 자신만의 '내면적 자원'을 가지고 있다. 내면적 자원(內面的 資源)이란 '인간두뇌에 내재되어 있는 지적·감성적·심미적 요소가 융합하여 발현하는 에너지'로, 이 에너지는 개인의 '신념·가치관·창의력을 발동하는 동력'으로 작용한다. 그러므로 개개인에게 '지식사회 마인드'를 심어주고 이 위에 내면적 자원을 잘 발달시켜주면, 이들은 지식 창출의 신념·가치관·창의력이 활기차게 발동하여 자신만의 '지식창출 학습'을 유발한다.

지식이란 '내면적 자원을 기반으로 정보를 수집·분석한 후, 통찰력을 가해 가공한 것을 개념화한 것'이라 할 수 있다. 따라서 지식은 독창적인 나만의 지적자산으로 본질적으로 암묵적(暗黙的)이다. 정보는 '모두의 것'으로 무한 공유 및 복제가 가능하나, 지식은 '나만의 것'으로 공유와 복제가 불가능하다. 이렇게 생성된 지식으로부터 고부가가치가 창출된다. 조직구성원의 내면적 자원 개발은 실로 절박한 과제로 인식되어야 한다(김길룡·박병두, 2021: 138-139).

이상에서 논의한 정보와 지식의 관계를 보면 정보의 단순한 저장이나 축적은 무의미하다고 할 수 있다. 중요한 것은 정보에 학습을 가해 지식을 창출하는 일이다. 지식은 정보 안에 머물러 있으면 아무런 의미가 없다. 인간의 학습을 가해 적극적으로 가치 있는 지식으로 구현되고 창출되어야 한다. 그러므로 기존의 정보DB를 '지식DB'로 업그레이드하고, 여기서 개인 및 팀 프로젝트들을 개발하여 산출된 지식으로 지식DB를 부단히 강화해 나가야 한다. 이러한 지식도 시간 흐름에 따라 정보로 바뀐다. 지식은 항상 정보화가 진행되게 마련이다. 정보로 바뀐 지식도 관련 정보와 결합하여 학습을 가하면 새로운 지식으로 생성된다.

이제 지식의 개념을 정리하고 그 유형을 살피자.

지식경영에서 의미하는 지식은 일이나 어떤 문제에 적용되어 가치를 창출하는 '도구적(道具的) 지식'을 가리킨다. 이러한 지식에는 이론적 지식, 실천적 지식, 성찰적 지식이 있다. 이론적 지식(이론지)이란 실천의 지침이 되는 이론 그 자체를 이른다. 곧 실천적 지식의 배경이 되는 지식이다. 실천적 지식(실천지)이란 이론적 지식의 실천을 통해 얻어지는 지식으로 몸에 쌓인 경험적 지식을 이른다. 성찰적 지식(성찰지)은 실천적 지식에 대한 성찰을 통해 얻어지는 지식으로 '몸에 체화된 전문성'을 이르며, 일에 적용되어 가치 창출에 직결되는 노하우이다. 이론적 지식을 성찰적 지식의 단계로 끌어올려 고부가가치를 창출하는 데 전념해야 한다(김길룡·박병두, 2021: 139).

일반적으로 지식이란 위의 '도구적 지식'을 포함하여 '인간학적 가치, 사회적 가치, 경제적 부가가치 창출에 직결되는 지적자산'을 이른다. 여기서 인간학적 가치는 인간의 행복감을, 사회적 가치는 인간의 공익성을 그리고 경제적 부가가치는 인간의 수익성을 의미하여, 결국 지식이란 사회구성원의 행복감, 공익성, 수익성 창출에 직결되는 지적자산을 이른다. 곧 '사회구성원에게 행복감, 공익성, 수익성을 주는 지적자산'이다.

이러한 지식은 보유 주체에 따라 개인지(個人知, personal knowledge)와 조직지(組織知, organizational knowledge)로, 지식의 형태에 따라 암묵지(暗默知, tacit knowledge)와 형식지(形式知,

articulated knowledge)로 분류된다. 개인지는 개인에게 내재되어 있는 지식이고, 조직지는 조직에 축적되어 남겨지는 지식으로 기술, 특허, 경영기법, 노하우, 데이터베이스, 사업전략, 조직문화, 교육프로그램, 업무매뉴얼, 제도와 규정 등이 있다. 한편 암묵지는 개인에게 내재되어 밖으로 드러나지 않는 자신만의 탁월한 지식이고, 형식지는 명시적으로 드러나 공유가 가능한 지식으로 업무매뉴얼, 설계도, 데이터베이스 등이 이에 속한다(Nonaka & Takeuchi, 1995: 83-112).

다. 암묵지

암묵지 생성은 지식 창출의 출발점이다.

'암묵지'란 개인 두뇌에 내재되어 밖으로 드러나지 않는 자신만의 탁월한 지식으로 기술적 기능과 인지적 기능으로 분류된다. '기술적 기능(technical skill)'은 장인의 노하우와 같이 몸에 체화된 전문성을 말하고, '인지적 기능(cognitive skill)'은 어떤 문제 해결을 위한 개인의 탁월한 아이디어, 방안, 관점 등을 말한다. 한마디로 '개인에게 내재되어 있는 자신만의 탁월한 지식'이다(김길룡·박병두, 2021: 39-40).

한 예를 들어본다(김길룡, 2012: 126).

"2005년 1월 오스트리아 인스부르크에서 개최된 동계 유니버

시아드대회에서 우리선수들은 쇼트트랙 경기에서 괄목할 만한 성과를 올렸다. 우리선수들의 경기모습은 그야말로 숨 막힐 정도의 긴장과 흥분의 도가니였다. 선수들은 코치로부터 쇼트트랙 경기의 이론과 실제(형식지)에 관해 지도 받은 후 부단한 연습(학습활동)을 통해 이들 형식지를 내면화하여 각자의 암묵지로 변환하고, 이를 경기에 적용하여 금메달(고부가가치 창출)을 딴 것이다."

이러한 암묵지의 특성을 다음과 같이 집약할 수 있다.

첫째, 암묵지는 능력과 전문성을 만드는 지식이라는 점이다.

위의 예에서 보듯이, 쇼트트랙 선수의 탁월한 기량은 쇼트트랙 경기의 이론과 실제(형식지)를 부단한 연습(학습활동)을 통해 스케이트, 빙판, 자신의 특성 등에 적용하여 자신만의 노하우(암묵지)로 변환한 결과이다. 아무리 많은 형식지를 가지고 있어도 암묵지로 변환하지 않으면 능력이 생기지 않는다. 우리는 책을 읽고, 설명을 듣고, 사물을 관찰하고, 대화를 통해 많은 지식(형식지)을 획득한다. 이들 형식지는 암묵지로 변환해야만 일이나 어떤 문제에 적용하여 고부가가치를 창출하는 '도구적 지식'이 될 수 있다. 형식지를 많이 축적하여 실천행동으로 옮기고, 이로부터 암묵지를 생성하여 숙련도를 높이면 '전문성'이 생긴다.

둘째, 암묵지는 특정한 문화와 환경의 토대 위에서 생성된 지식이라는 점이다.

선진국의 신지식·신기술로 어떤 상품을 만들려고만 하면 경쟁력이 생기지 않는다. 선진국의 노하우는 그 나라의 고유한 문화와 환경의 토대 위에서 생성된 지식이기 때문이다. 즉 선진국의 노하우는 우리에게는 하나의 형식지에 불과하여 부단한 학습활동을 통해 우리만의 암묵지로 변환해야 한다. 이 점에서 하인호 박사는 "벤치마킹만 하면 영원한 이류의 덫에 빠져든다"고 지적하고, 지식사회는 '엑셀런스 마킹 시대(Excellence Marking)'라고 하였다. 이는 조직이 가지고 있는 것 중에서 가장 잘할 수 있는 것을 선택하고, 가장 잘할 수 있는 수준을 목표로 정한 후, 가장 잘할 수 있는 노하우를 적용하여 그 목표를 효율적으로 달성함으로써 초일류를 성취하는 일이다(하인호, 2004: 22-30).

셋째, 암묵지는 내면적 자원에 기반한 학습활동을 통해 생성된다는 점이다.

앞에서 논의했듯이 내면적 자원은 나만의 '지식창출 학습'을 유발하는 원천이다. 내면적 자원을 기반으로 정보를 수집·분석·통합한 후, 통찰력을 가해 가공 및 혁신할 때 창의적인 암묵지가 생성된다. 그러므로 자신의 내면적 자원으로부터 '창의력'을 발동하여 이루어지는 활기찬 '지식창출 학습활동들', 예를 들어 획득한 지식이나 아이디어를 개량하고 가공하는 일, 어떤 연구결과나 조사결과를 분석하고 새로운 시각에서 재해석하는 일, 자신의 암묵지를 개념화하고 그 발전방안을 탐구하는 일 등은 창의적인 암묵지 생성을 촉진한다.

그러나 아무리 탁월한 암묵지가 내재되어 있더라도 이를 표출하지 않으면 '지식의 사유(私有)'에 지나지 않는다. 지식은 사유할수록 진부해지고, 공유할수록 가치를 발하는 법이다. 즉 지식은 공유하여 질적 통합할수록 창의적인 지식이 된다. 그러므로 조직구성원 개개인의 암묵지는 다른 조직구성원들과 공유할 수 있는 형식지로 변환하고, 이들 형식지는 또다시 개개인의 암묵지로 변환하는 일이 부단히 순환해야 한다.

<그림 1-1>처럼 '암묵지와 형식지 간 순환작용'이 계속되면서 창의적인 조직지가 부단히 구축되어 조직의 경쟁력은 강화된다 (Sveiby, 1997: 45-48).

<그림 1-1> 지식의 변환

	암묵지	암묵지	
암묵지	공동화	표출화	형식지
암묵지	내면화	조합화	형식지
	형식지	형식지	

① 공동화(Socialization): 암묵지에서 암묵지를 얻는 과정이다. 조직구성원이 상호작용하면서 일을 하는 가운데 서로의 암묵지가 공유되어 확장 및 진화한다.

② 표출화(Externalization): 암묵지에서 형식지를 얻는 과정이다. 개개인의 암묵지가 명시적으로 표출되어 형식지로 변환한다.

③ 조합화(Combination): 형식지에서 형식지를 얻는 과정이다. 개개인의 형식지들이 조합되어 한층 진화된 형식지로 변환한다. 즉 개개인의 형식지들이 공유 및 질적 통합되어 창의적인 고부가가치 형식지로 변환한다.

④ 내면화(Internalization): 형식지에서 암묵지를 얻는 과정이다. 산출된 형식지가 현업에서 실천을 통해 개개인의 내부에 체화하는 과정이다. 형식지는 개인의 내부에 체화함으로써 일에 적용할 수 있는 '도구적 지식'이 된다.

내면화 과정을 거쳐 생성된 암묵지는 다시 공동화 과정을 거쳐 확장 및 진화하고, 이것은 표출화 과정을 거쳐 형식지로 변환하고, 이것은 조합화 과정을 거쳐 창의적인 고부가가치 형식지로 변환하며, 이것은 다시 내면화 과정을 거쳐 개인의 암묵지로 변환하는 과정이 부단히 순환한다. 이와 같은 암묵지와 형식지 간 계속적인 순환작용은 곧 '지식 창출의 기본 틀'이며, 이 틀을 통해 '창의적인 조직지'가 부단히 구축되어 조직의 경쟁력은 강화된다.

2. 지식의 창출

지식경영의 핵은 지식의 창출이므로, 여기서는 지식 창출의 과정을 집중 탐구한다.

지식경영이란 조직을 둘러싼 환경변화추세[1]를 예측하고 이에 탄력적으로 대응하는 지식은 무엇인가를 밝힌 후, 해당 지식을 창출하고, 이를 공유 및 적용하여 창의적 성과를 내는 일이다. 여기서 환경변화추세에 탄력적으로 대응하는 지식은 무엇인가, 즉 어떤 지식을 창출할 것인가를 밝히는 것이 '지식의 확인'이고, 확인한 해당 지식을 창출하는 것이 '지식의 창출'이다. 그러므로 지식의 확인과 창출은 한 몸으로 지식경영의 핵이다.

예를 들어 조직을 둘러싼 환경변화추세가 '다문화의 확산'이라면, '다문화의 확산에 탄력적으로 대응하기 위해 어떤 지식을 창출할 것인가'를 밝히는 것이 지식의 확인이다. 확인해야 할 '지식 영역'으로 경영철학, 기술, 특허, 지적재산권, 경영기법, 노하우, 데이터베이스, 사업전략, 조직문화, 교육프로그램, 업무

---

[1] 지식경영은 조직을 둘러싼 환경변화추세 예측에서 출발하므로 추세의 개념을 이해할 필요가 있다. 추세(trend)란 '어떤 현상이 시간 흐름에 따라 규칙성과 속도를 가지고 일정한 방향으로 진행해나가는 힘'이다. 그러므로 추세는 기본적으로 방향성, 속도, 안정성, 생명력 등 4가지 특성을 가진 살아있는 유기체로 간주된다('제3부 제4장 예측능력 기르기'에서 '추세의 개념'에 대해 구체적으로 논의함).

매뉴얼, 제도와 규정 등을 들 수 있다. 팀 토의를 통해 이 같은 지식 영역에서 다문화의 확산에 탄력적으로 대응하기 위해 어떤 지식을 창출할 것인가를 밝힌다.

지식을 확인하면 해당 지식의 창출에 착수한다. '지식의 창출'이란 무엇인가?

프로페셔널로 기능하는 지식사회의 일터 구성원은 어떤 문제 해결을 위한 자기 나름의 방안, 아이디어, 노하우 등 암묵지를 가지고 있다. 이것은 자신만이 가지고 있는 탁월한 지식이나 다른 조직구성원과 공유·적용할 수 있는 상태의 것은 아니다. 지식은 공유할수록 가치를 발한다. 즉 지식은 공유하여 질적 통합할수록 창의적인 지식이 된다. 그렇기에 조직구성원의 탁월한 암묵지(개인지)를 충분히 표출한 후 질적 통합하고 체계적으로 정련하여, 조직구성원이 공유·적용할 수 있는 창의적인 형식지(조직지)로 변환해야 한다. 이것이 지식의 창출이다. 곧 '개인지의 조직지 변환'이다. 한마디로 해당 주제에 관한 조직구성원의 암묵지를 표출 및 통합한 후 체계적으로 정련, '창의적인 조직지'로 변환하는 일이다.

일찍이 한국미래학연구원은 지식의 창출 즉 '개인지의 조직지 변환'을 위한 방법론으로, 개별 시나리오의 작성과 통합 및 델파이조사를 제시하였다(한국미래학연구원, 2000.3).

어떤 주제에 관한 개별 시나리오의 작성을 통해 각자의 암묵지가 표출되어 형식지로 변환하고, 개별 시나리오의 통합을 통해 형식지들이 조합되어 한층 '진화된 형식지'로 변환한다. 그리고 델파이조사를 통해 산출된 형식지들이 체계적으로 정련되어 조직구성원이 공유·적용할 수 있는 창의적인 조직지로 만들어진다. 위에서 살핀 '지식의 변환'에 비추어보면, 개별 시나리오의 작성을 통해 '지식의 표출화'가, 개별 시나리오의 통합을 통해 '지식의 조합화'가 이루어진다. 그리고 델파이조사를 통해 산출된 지식이 체계적으로 정련된다.

이와 같은 '지식 창출의 과정'을 구체적으로 제시하면 다음과 같다(김길룡, 2017: 62-79).

(1) 주제 설정

프로페셔널로 기능하는 팀 구성원은 각자의 관점에서 조직을 둘러싼 환경변화추세를 예측한다. 다음으로 이들의 예측결과를 수합한 후, 팀 토의를 통해 내용별로 분류하고 이 중 최우선으로 대응해야 할 추세를 선정한다.

다음으로 팀 토의를 통해, 선정한 추세에 탄력적으로 대응하기 위해 어떤 지식을 창출할 것인가를 밝힌다. 위에 제시한 '지식 영역'에서 개량하거나 창출해야 할 지식을 밝힌다(지식 확인). 이것이 지식 창출의 주제가 된다.

(2) 개별 시나리오의 작성과 통합

주제가 설정되면 팀 구성원은 해당 주제 해결을 위한 자신의 방안, 아이디어, 노하우 등을 간략히 작성한 후(개별 시나리오의 작성), 내용별로 분류한다.

다음으로 내용별로 분류한 개별 시나리오를 수합한 후, 팀 토의를 통해 공통적인 것들을 통합한 후 타당성 검토와 실현가능성 검토를 한다. 다음으로 팀 토의를 통해 이상의 과정을 거친 것들을 내용별로 분류, '통합 시나리오'를 산출한다(개별 시나리오의 통합).

이 단계에서는 개별 시나리오의 작성을 통해 해당 주제 해결을 위한 각자의 암묵지가 표출되어 형식지로 변환하고, 개별 시나리오의 통합을 통해 형식지들이 조합되어 한층 '진화된 형식지'로 변환한다.

<표 1-1> 시나리오의 통합 절차

단계	내 용
1	공통적인 것들을 통합한다.
2	타당성 검토(주제 해결에 직결되지 않는 것 배제)를 한다.
3	실현가능성 검토(동원 가능한 인적·물적 자원 밖의 것 배제)를 한다.
4	이상의 과정을 거친 것들은 타당하며 실현 가능한 과제들이다. 이것들을 내용별로 분류, 통합 시나리오를 산출한다.

(3) 델파이조사

팀 토의를 통해 다음 절차에 따라 산출된 통합 시나리오에서 델파이조사 문항을 개발한다.

먼저 통합 시나리오를 내용별로 고찰하여 효율성이 높은 것을 추출한 후 이 중에서 파급성이 높은 것을 추출한다. 이 과정을 거쳐 추출된 것들은 해당 주제의 해결을 위해 '우선적으로 수행해야 할 과제들(우선과제들)'이다.

이들 우선과제를 '델파이조사 문항'으로 만들고, 3차례의 델파이조사[2]를 실시한다. 그리고 3차 조사결과에서 '상위 우선과제'를 추출한다.

---

2) 델파이조사법은 조사 문항에 대한 전문가들의 의견을 한 점에 일치시키는 방법이다. 해당 주제 관련 전문가들을 대상으로, 익명으로, 동일한 조사를 3차례 반복 실시한다. 2차 조사부터 참여자들에게 조사결과를 피드백 해주고, 참여자들은 피드백 받은 조사결과를 참조하여 자신의 의견을 수정해나간다. 이 과정을 거치면서 각 문항에 대한 참여자들의 의견은 한 점에 일치한다. 3차 조사를 마치면 의견수정이 99% 완료되어 의견일치에 도달한다('제3부 제4장 예측능력 기르기'에서 '델파이조사'에 대해 구체적으로 논의함).

<표 1-2> 델파이조사 문항 개발 절차

단 계	내 용
1	통합 시나리오를 내용별로 고찰하여 효율성 높은 것(비교적 적은 비용으로 주제를 잘 해결할 수 있는 것)을 추출한다.
2	이 중에서 파급성 높은 것(조직의 다른 사업이나 과업에 긍정적 영향을 미치는 것)을 추출한다.
3	이상의 과정을 거친 것들은 타당하며 실현 가능하며 효율적이며 파급성이 높은 '우선과제들'이다. 이것들을 델파이조사 문항으로 만든다.

 이상의 과정을 거쳐 추출된 '상위 우선과제'는 결국 해당 주제 해결을 위한 팀 구성원의 탁월한 암묵지를 표출 및 통합한 후 체계적으로 정련한, 해당 주제 해결을 위한 '창의적인 조직지'로 독창성·타당성·실현가능성·효율성·파급성이 확보된 지식들이다.

 이는 프로페셔널인 팀 구성원이 직접 만든 지식이어서, 산출된 지식이 개개인에게 체화되어 조직 내 공유와 확산이 빠를 뿐 아니라 팀 구성원의 성취동기를 적극 유발하여 실현가능성을 크게 높인다.

 이상에서 논의한 지식 창출의 과정을 정리하면 <표 1-3>과 같다.

<표 1-3> 지식 창출의 과정

단 계	내 용
1	주제 설정
2	개별 시나리오의 작성과 내용별 분류
3	개별 시나리오의 통합
4	델파이조사 문항 개발
5	델파이조사(3회)
6	상위 우선과제 추출

3. 지식경영 역량 기르기

다음 진단도구에 자기진단을 하여 '나는 지식경영을 얼마나 실천하고 있는가'를 확인하고, 그 개선방안을 세워보자. 이를 통해 지식경영능력을 키우자(김길룡, 2017: 80-91).

♠ 지식경영 실천행동 자기진단

이 진단도구는 귀하가 평소에 지식경영을 얼마나 실천하고 있는가를 알아보기 위한 것입니다. 진단문항은 14개로, 일상생활이나 조직생활에서 실천해야 하는 행동(문항 1-7), 가치경영

행동(문항 8-10), 지식변환 행동(문항 11-14)으로 구성됩니다. 각 문항을 읽고 1, 2, 3, 4, 5 중 귀하에게 해당되는 것 하나에 표시하시오.

1=전혀 아니다, 2=아니다, 3=보통이다, 4=대체로 그렇다, 5=매우 그렇다

1. 나는 일상생활에서 내면적 자원을 기르는 노력을 하고 있다.		1 2 3 4 5
2. 나는 일상생활에서 암묵지를 축적, 적용하는 노력을 하고 있다.		1 2 3 4 5
3. 나는 암묵지를 업무에 접목하는 노력을 하고 있다.		1 2 3 4 5
4. 나는 암묵지를 업무에 접목하는 절차나 방법을 마련하는 노력을 하고 있다.		1 2 3 4 5
5. 나는 주변 사람이나 고객에게 고객서비스 정신을 행동화하는 노력을 하고 있다.		1 2 3 4 5
6. 나는 관심 주제에 관한 자료를 수집, 분석하여 정보를 만드는 노력을 하고 있다.		1 2 3 4 5
7. 나는 업무수행 과정에서 배제하거나 포기한 정보를 수집, 분석하여 새로운 정보를 만드는 노력을 하고 있다.		1 2 3 4 5

8. 나는 업무수행 과정에서 고객의 감성을 만족시키는 방안을 찾는 노력을 하고 있다.	1	2	3	4	5
9. 나는 업무수행 과정에서 고객의 안전성을 높이는 방안을 찾는 노력을 하고 있다.	1	2	3	4	5
10. 나는 업무수행 과정에서 고객의 기회비용을 줄이는 방안을 찾는 노력을 하고 있다.	1	2	3	4	5
11. 나는 암묵지를 형식지로 변환하여 주변 사람들과 공유하는 노력을 하고 있다.	1	2	3	4	5
12. 나는 여러 사람들이 표출한 형식지들을 조합하여 보다 창의적인 형식지로 변환하는 노력을 하고 있다.	1	2	3	4	5
13. 나는 학습활동을 통해 얻은 형식지들을 분석, 통합 및 가공하여 암묵지로 변환하는 노력을 하고 있다.	1	2	3	4	5
14. 나는 경험적 지식을 성찰하여 노하우를 쌓는 노력을 하고 있다.	1	2	3	4	5

♣ **결과해석**

이 진단도구는 14개의 문항으로 구성된 5점 척도로 70점 만점이다.

- 63 이상: 이 범주에 속한 분은 '지식경영 실천행동'을 잘하

고 있는 분이다. 귀하는 지식경영에 착수하여 창의적인 성과를 낼 수 있다.

- 56-62: 이 범주에 속한 분은 '지식경영 실천행동'에 비교적 접근하고 있는 분이다. 귀하는 이 진단도구의 취지와 내용에는 공감하나, 기존의 타성·관행·조직문화 등이 잔존하는 한 성공적인 지식경영은 어렵다고 볼 수도 있다. 그러나 보다 적극적인 마인드로 '지식경영 실천행동'의 노력을 기울이면 성공적인 지식경영에 착수할 수 있다.

- 55 이하: 이 범주에 속한 분은 '지식경영 실천행동'이 부족한 분이다. 그러나 진단결과에 실망할 필요가 없다. 지식사회가 도래하고 있는 지금, 대부분의 사회조직체에서 지식경영이 요구되기 때문이다. 새로운 신념을 가지고 '지식경영 실천행동'의 노력을 기울이면 유능한 지식근로자로 자리잡을 수 있다.

♣ 보충설명

자기진단 결과 '3.0 이하 문항'에 대해, 다음의 '보충설명'을 참조하여 자신의 개선방안을 세워보자.

(1) 일상생활이나 조직생활에서 실천해야 하는 행동(문항 1-7)

일상생활이나 조직생활에서 아래에 제시된 '실천행동'을 생활화하는 노력을 기울여 지식경영능력을 키우자.

① 내면적 자원 기르기

개인의 두뇌 속에는 자신만의 암묵지가 담겨 있다. 이들 암묵지는 생동적인 지식이 되어야 일에 적용하여 고부가가치를 창출하는 '도구적 지식'이 될 수 있다. 암묵지는 자신의 '내면적 자원'과 결합되어야 생동적인 지식이 될 수 있다. 예를 들어 어떤 악기연주에 관한 자신만의 암묵지가 두뇌에 내재되어 있다면, 다양한 연주활동을 감상할 줄 알고 또 관객의 감성 흐름을 마음의 눈으로 읽을 줄 알아야 이 암묵지는 생동적인 지식이 될 수 있다.

내면적 자원이란 개인 두뇌에 내재되어 있는 지적·감성적·심미적 요소가 융합하여 발현하는 에너지로, 이 에너지는 개인의 '신념·가치관·창의력을 발동하는 동력'으로 작용하기 때문이다. 그러므로 일상생활에서 꾸준히 내면적 자원을 키우고 이로부터 '창의력'을 발동하여 자신의 암묵지와 결합하는 일을 생활화해야 한다.

② 암묵지 축적 및 적용의 일상화

암묵지 축적, 적용의 예는 우리 주변에서 쉽게 찾아볼 수 있다. 과거 우리 어머니들은 축적된 암묵지를 적용하여 김치를 비롯한 전통음식을 잘 만들어 왔고, 또한 축적된 암묵지를 적용하여 자녀들을 잘 길러 왔다. 지금은 육아서적이 쏟아져 나오고 있으나 자녀 양육은 그리 원활치 않다. 이들 형식지에 학습을 가해 자신의 암묵지로 변환하지 못했기 때문이다.

암묵지의 축적 및 적용 능력을 가지고 있는 사람이야말로 자신의 분야에서 성공할 수 있는 사람이다. 아무리 높은 학력을 가지고 있어도 자신만의 암묵지를 축적 및 적용하지 못하면 능력이 생기지 않는다. 이 점에서 '능력'이란 암묵지의 축적 및 적용 능력을 가지고 있는 여부에 달려 있다고 할 수 있다. 이렇게 보면 조직생활이란 업무에 관한 암묵지를 축적하고, 축적한 암묵지를 적용하고, 적용한 결과를 성찰하여 다시 자신의 암묵지로 축적하는 일이 부단히 순환하는 과정이라 할 수 있다.

③ 암묵지의 업무 접목

자신의 암묵지를 명시적으로 표출하여 형식지로 변환하면 조직구성원과 공유가 가능하다. 그러나 여기서 그쳐서는 안 된다. 표출한 암묵지를 업무에 접목하는 절차와 방법을 마련해주어야 한다. 우리는 회의, 워크숍, 토의 등을 통해 무수히 많은 암묵지를 표출하여 참신한 지식과 아이디어를 만들어놓고도, 이를 업무에 접목하는 절차와 방법을 마련하지 않아 고귀한 지적자산이 사장되곤 한다.

업무 효율성을 높이는 지식과 아이디어를 만든 후, 자기 자리로 돌아가서는 기존의 타성대로 일을 하여 회의, 워크숍, 토의의 성과가 나타나지 않는 것이다. 여기서 오는 손실은 실로 막대하다. 표출한 암묵지를 업무에 접목하는 절차와 방법을 마련하는 데 전심전력해야 한다.

④ 절차지와 방법지의 개발

많은 조직들이 암묵지를 업무에 접목하는 절차와 방법을 마련하지 않은 채 타성대로 업무를 수행하여 업무 효율성이 나타나지 않고 있다. 무엇보다 '암묵지의 업무 접목 절차'를 마련하는 일이 시급하다. 즉 암묵지를 표출하는 절차, 표출한 암묵지를 통합하는 절차, 통합한 암묵지를 일에 적용하는 절차 등을 마련해야 한다. 이때 비로소 조직구성원의 암묵지는 일에 적용할 수 있는 '도구적 지식'이 되어 업무 효율성을 높이게 된다. 이와 함께 이러한 '절차를 만드는 방법'을 강구해야 하는데, 주된 방법으로 시나리오 작성, 델파이조사, 토의, 작업흐름도 만들기, 모의실험 등이 있다.

조직구성원은 자신의 암묵지를 업무에 접목하는 절차나 방법을 마련하는 일에 힘쓰고, 조직은 조직구성원의 이러한 노력을 진작하고 밑받침해주어야 한다.

⑤ 고객서비스 정신의 행동화

'고객서비스 정신'을 행동화할 때 암묵지가 발휘된다. 예컨대 남편과 아내가 서로를 가장 중요한 평생고객으로 생각하면 암묵지가 발휘되어 행복한 부부생활이 유지되고, 자녀를 가장 중요한 고객으로 생각하면 암묵지가 발휘되어 자녀를 대하는 태도와 행동이 달라진다. 공장 근로자가 고객서비스 정신으로 제품을 만들면 암묵지가 발휘되어 인간학적 가치와 사회적 가치가 내포된, 즉 고객에게 행복감과 공익성을 주는 일류 제품이 만들어질 것이다. 공공기관 근무자가 주민을 자신의 업무에서 가장 중요한 고객으로 생각하면 당장 인사말과 태도가 바뀐다.

우리 주변에서 새롭게 나타나는 고부가가치의 상품과 서비스는 고객서비스 정신에서 비롯된 것이 많다. 고객서비스 정신을 행동화할 때 개개인의 암묵지는 그 가치를 발한다.

⑥ 정보 만들기

'정보 만들기'를 일상화하여 지식창출 역량을 키우자.

자료에서 정보가 생성되고, 정보에 인간의 학습이 가해져 지식이 생성된다. 정보는 자료를 일정 기준에 의해 정교하게 분류한 것이다. 각 포털의 콘텐츠를 보면, 무수한 자료가 일정 기준에 의해 정교하게 분류되어 말, 글, 동영상 등의 정보 형태로 화면에 전시된다. 이들 정보에 학습이 가해져 지식이 생성된다. 즉 지식은 정보에 나만의 학습을 가해 분석 및 통합한 후, 통찰력을 가해 가공한 것을 개념화한 것이다. 그러므로 지식은 독창적인 나만의 것으로, 일이나 어떤 대상에 적용하여 고부가가치를 창출하는 나의 지적자산이다(앞 '1. 지식경영과 지식'에서 '정보와 지식의 관계'에 대해 구체적으로 논의함).

이렇듯 정보는 지식을 생성하는 원료이기에, 좋은 정보를 만드는 일은 곧 좋은 지식을 만드는 일이 된다. 좋은 정보를 만들려면 다음과 같은 '정보의 속성'을 각별히 유념하며 정보 만들기에 착수해야 한다. 즉 정보는 시간 흐름에 따라 가치가 소멸하기에 항상 정보를 업그레이드하는 노력을 기울여야 한다는 점, 또한 어떤 정보라도 상황을 변혁하는 잠재력이 있어, 사소한 정보, 배제하거나 포기한 정보라도 가치 있게 보아야 한다는 점 등을 마음에 새겨야 한다.

(2) 가치경영 행동(문항 8-10)
인간학적 가치와 사회적 가치가 내포된 지적자산을 창출하는 노력을 기울여 조직의 경쟁력을 높여나가자.
이 부분에 대한 '보충설명'은 앞 '제2장 1. 지식사회의 개념과 특징'에 잘 제시되어 있음.

(3) 지식변환 행동(문항 11-14)
이 부분에 대한 '보충설명'은 앞 '1. 지식경영과 지식' 중 '다. 암묵지'에 잘 제시되어 있음.

♣ 나의 개선방안

귀하의 진단결과 '3.0 이하 문항'에 대해, 위 '보충설명'을 참조하여 귀하의 개선방안을 작성하시오.

제5장 지식근로자

지식사회의 일터에서는 일의 본질이 '지식근로'로 전환한다. 지식근로란 현업에서 일과 학습을 밀착하여 일을 업그레이드하는 지식을 창출, 공유 및 적용하며 창의적으로 일하여 '효율성'을 높이는 것이다. '최소 비용으로 목표를 최대로 달성하는 것'을 이르는 효율성[1]은 항구적 경영가치로, 경쟁력의 요체이다.

---

[1] 경영의 원리로 효과성(效果性)과 능률성(能率性)이 있다. 이 둘은 불충분한 개념이어서 각자의 장점을 취해 발전시킨 합성어 '효율성(效率性)'이 만들어졌다. 능률성은 '방법'과 관련된 양적 개념으로, '어떤 방법으로 목표를 달성했느냐'에 초점을 둔다. 여기서 능률적인 방법이란 가능한 한 적은 비용을 들여서 많은 산출을 가져오는, 바로 그러한 방법이다. 곧 능률성은 '투입-산출 비', 즉 경제성을 의미한다. 이에 반해 효과성은 '목표(목적)'와 관련된 질적 개념으로, 방법과는 무관하게 '목표 자체를 얼마나 잘 달성했느냐'에 초점을 둔다. 곧 효과성은 '목표달성도'를 의미한다. 이 둘을 합친 효율성은 '최소 비용으로 목표를 최대로 달성하는 것'을 의미한다(윤정일 외,

지식근로를 통해 창출된 지식을 일에 적용하면 일의 효율성이 높아지고, 일 관련 지식에 적용하면 더욱 창의적인 지식이 생성된다. 지식을 지식에 적용한 결과, 즉 생성된 '더욱 창의적인 지식'을 다시 일에 적용하면 일의 효율성은 극대화된다.

그러므로 일터 구성원은 직종·직급·직위를 떠나 각자의 분야에서 지식근로를 하는 '지식근로자'로 전환해야 한다. 조직의 CEO도 자신의 업무분야에서 지식근로를 해야 조직의 비전, 리더십 및 의사결정 등이 업그레이드되어 경영의 효율성이 높아지게 된다. 2030 일터의 경쟁력은 지식근로자에 접근하는 사원이 많을수록 강화된다. 지식근로자는 새로운 인간상으로 정립될 당위성이 있다. 우리는 유능한 지식근로자가 되어 지식사회의 중추세력으로 자리잡아야 한다.

지식근로자는 어떤 사람인가?

창조적 지식인, 평생학습자, 평생직업인의 특성을 가진 사람이다(Lane, 1966 ; 하인호 외, 2002: 146-159 ; 김길룡·박병두, 2021: 46-51). 각 개념을 논의한다.

2015: 26-27 ; 김길룡, 2017: 55).

(1) 지식근로자는 창조적 지식인이다.

이는 '기업가정신'을 발휘하는 사람을 말한다.

지식사회 일터의 지배적인 추세는, 자신이 가장 잘할 수 있는 핵심역량을 극대화하는 데 주력하고 나머지는 가장 잘할 수 있는 곳에 아웃소싱 하는 '네트워킹'과, '자동화'이다. 이 2가지 추세는 '소형화'를 가져와 2020년대와 2030년에는 '1인 1기업인 시대'가 열릴 전망이다.

이 같은 소형화 추세는 인공지능사회와 맞물리면서 조직구성원은 인공지능 로봇을 다루며 '업무 효율성'을 극대화하는 데 주력하여, 보조업무는 점차 사라지고 '작업의 개별화'가 촉진된다. 조직구성원은 '주인 의식'을 가지고 자기 주도적으로 완벽하게 업무를 수행하고 그 결과에 책임을 진다. 이에 조직구성원은 조직의 구성원인 동시에 기업가가 되어, 필연적으로 '기업가정신'의 발휘가 요구된다.

기업가정신은 내가 주인이 되어 내 일에 헌신적 노력을 다할 때 발휘된다. 이는 단순히 상부로부터 주어지는 문제에 대한 해결책을 찾는 뿌리 깊은 타성을 벗어던지는 것을 의미한다. 곧 급속한 환경변화 속에서 스스로 문제를 만들고, 스스로 그 해결책을 강구하며, 스스로 이를 적용하여 창의적 성과를 내고 그 결과에 책임지는 것을 의미한다.

조직구성원은 기업가로서 급속한 환경변화 속에서 스스로 문제를 만들고, 해결하고, 그 결과에 책임을 진다는 확고한 신념을 가져야 한다. 이러한 신념 아래 문제해결에 필요한 인적·물적 네트워크를 구축한 가운데 창의성[2])을 발휘하여 직접 창의적 성과를 내고, 그 결과에 책임을 지게 된다. 이와 같이 지식근로자는 '기업가정신을 발휘하여 직접 창의적 성과를 내는 사람'이라는 의미에서 '창조적 지식인'이라 한다.

(2) 지식근로자는 평생학습자이다.

이는 평생학습을 통해 자신의 지적자산과 지적역량을 부단히 구축하고 업그레이드하는 사람을 말한다.

지식사회가 도래하면서 지식·기술·직업능력의 효용성이 급감하고 있다. 지금 한 직업인이 가진 업무지식의 반감기가 5

---

2) 창의성(創意性, creativity)이란 '어떤 문제의 해결을 위해 새로운 아이디어를 내거나 기존 아이디어들을 새롭게 조합하는 정신과정'을 이른다. 이 아이디어는 반드시 독창적이며(original) 가치로우며(valuable) 실현 가능해야(feasible) 한다. 이렇듯 창의성은 독창성·가치 있음·실현가능성을 동시에 내포하는 개념이어서 고부가가치를 창출하는 원천으로 작용한다(Csikszentmihalyi & Wolfe, 2000 ; 임정훈 외, 2014: 124-125).

년 미만으로 급속히 단축되고 있고, 또 앞으로 10년 이내에 한 직업인이 가진 업무지식의 90%가 정보로 바뀌어 지적자산으로서의 가치를 상실할 것으로 보인다. 이처럼 지식이란 항상 정보화가 진행되어 가치가 소멸하게 마련이다. 일터 구성원은 평생학습을 하여 자신의 업무지식과 업무역량을 부단히 구축하고 업그레이드해야 직업생활을 영위할 수 있다.

지식사회에서는 학력·계층·직종을 떠나 '평생학습자'만이 지식인으로 간주된다. 아무리 학력(學歷)이 높거나 전문직에 종사하더라도 학습을 게을리 하면 단순히 '가방끈 긴 사람'이나 전문직 종사자에 불과할 뿐 지식인은 아니다. 전형적 지식인이라는 대학교수는 전공 학문, 교과, 교수법, 지역사회 기여 프로그램 및 학생 진로지도 등에서 부단히 팀학습 및 개별학습을 하여 해당 주제를 업그레이드하는 지식을 창출하고, 이를 직접 적용하여 대학교육의 질을 높이는 역할을 수행해야 한다. 이것이 진정한 지식인의 모습이다(김길룡, 2007: 41-42).

조직구성원은 자신의 '지식창출 학습'을 유발하는 내면적 자원과 학습의 기초역량인 기본학습능력을 키우는 데 힘쓰고, 조직은 학습친화적·지식친화적인 조직문화를 구축하여 조직구성원의 학습활동을 진작하고 밑받침해주어야 한다. 이 점에서 학습조직의 구축과 적극적인 지식경영은 조직의 생존전략으로 인식되어야 한다.

(3) 지식근로자는 평생직업인이다.

이는 평생학습을 통해 구축된 지적자산과 지적역량을 기반으로 스스로 자신의 할 일을 부단히 개척해나가는 사람을 말한다. 곧 '평생경력개발자'를 이른다.

평생직업인은 평생학습을 통해 구축된 자신의 지적자산과 지적역량을 기반으로 개인능력을 극대화하며 일 속에서 자아실현을 추구하여, 자주성과 독립성이 강하고 개혁적이다. 이들은 한 곳에 머무르지 않는다. '평생직장인'의 개념이 무너지는 것이다. 이 추세에 따라 2020년대와 2030년에는 '동시 다직종 시대'가 열릴 전망이다. 미국의 경우 이 시기부터 한 직업인은 평생 30개 이상의 직업을 가질 것으로 추정하고 있다(김길룡·박병두, 2021: 50-51).

조직구성원은 자신의 지적자산과 지적역량을 부단히 구축하고 업그레이드하는 일을 생활화해야 한다. 조직은 조직구성원의 직무를 확대하는 동시에 도전적·모험적인 직무를 주어, 이들이 스스로 업무를 개척하고 수행해나가는 과정에서 자연스레 다기능 전문성과 학습능력, 창의성 및 리더십 등을 체화하는 토양을 만들어야 한다. 이렇게 쌓인 역량을 기반으로 일과 학습을 밀착하여 창의적 학습결과를 산출, 적용하는 일을 지속하면 평생직업이 보장될 것이다.

이상에서 논의한 지식근로자는 '지식근로의 기반이 되는 역량(지식근로 기본능력)'을 바탕으로 각자의 분야에서 지식근로를 한다. 이들 역량은 자신의 지식창출 학습을 유발하는 '내면적 자원', 학습의 기초역량인 '기본학습능력', 팀워크를 만드는 '팀워크 역량', 미래 통찰과 지식경영을 밑받침하는 '예측능력' 및 '지식경영능력' 등으로 집약된다(하인호 외, 2002 ; 김길룡·박병두, 2020: 141). 우리는 이들 역량을 기르는 데 전력하여 2030 지식사회의 일터에서 유능한 지식근로자로 자리매김해야 한다.

2
한국 2030

'제2부'는 '제1부'의 토대 위에 '2030 한국'에 대한 안목과 통찰력을 키우는 과정이다.

먼저 2020년대를 거쳐 2030년대로 이어질 한국사회의 6대 메가트렌드, 즉 글로벌 지식사회와 글로벌 시민사회, 인공지능사회, 드림 소사이어티, 돌봄경제사회 및 솔 매니지먼트 시대의 개념과 특성을 분석한 후, 여기서 파생하는 사회변화추세를 논의하고 그 대안을 탐색한다. 또한 이 추세 속에서 한국인의 수월성을 기반으로 '글로벌 한국인 디아스포라 패러다임'을 창조하기 위한 방안을 모색한다.

다음으로 '2030 대변혁'을 헤쳐나갈 키워드로 '영혼'과 '인공지능'을 세우고 '솔 매니지먼트(영혼이 있는 경영)'에 대해 심층 논의한 후, '2030 인공지능 환경'이 요구하는 인적자원의 특성을 밝히고 그 대안을 탐색한다.

끝으로 이상의 내용을 고찰하여 2030 한국에 펼쳐질 변화를 12가지로 집약하고 또 대변혁이 몰고 올 변화를 분야별로 전망한 후, 그 대안을 탐색한다. 이들 변화는 '2030 한국사회의 특성'으로 자리잡아 우리 사회의 21세기 전반기를 이끌고 갈 전망이다.

제1장 대변혁을 읽자

　21세기에 들어 우리는 향후 30년간 펼쳐질 '대변혁의 시대'를 맞이하였다. 첫 번째 대변혁은 '농경사회의 정착'으로 이를 성취하는 데 수천 년이 걸렸고, 두 번째 대변혁은 산업혁명과 기술혁신을 통한 산업화의 성취로 이에 수백 년이 걸렸다. 세 번째 대변혁은 산업화 이후 신지식과 신기술에 의해 성취되는 대변혁으로, 그 성취에 30년이 걸릴 것으로 예측하였다. 이 기간이 바로 2001-2030년이다(한국미래학연구원, 2017: 1-2).

　2030년은 우리의 '중간 미래'이다. 미래학계에서는 '미래의 시간범주'를 ① 바로 다가오는 미래(1년 이내), ② 가까운 미래(1-5년), ③ 중간 미래(6-20년), ④ 먼 미래(21-50년), ⑤ 아주 먼 미래(51년 이후)로 설정하고, '실현가능성'에 초점을 두어 '중간 미래 이내의 미래(20년 이하)'를 주된 예측의 기간으로 설정하고 있다(하인호 외, 2002: 86-88). 중간 미래를 바라보며 기업·지역사회·개인의 미래를 개척해야, 그 단기 미래가 성취되고 비전의 성취도 가능해진다.

1. 대변혁의 속성

2030년까지 펼쳐질 사회는 어떤 사회인가?

2030년까지 글로벌 지식사회와 글로벌 시민사회가 거의 동시에 펼쳐지면서 지식의 이동과 함께 국경을 초월한 사람의 이동이 가속화한다. 지식 이동 및 사람 이동의 가속화는 지식의 효용성을 단축시키며 새로운 변화를 몰고 온다. 이 과정에 점점 거세지는 지구촌 젊은이들의 해외이주는 문명충돌과 가치충돌을 일으킬 가능성도 있으나, 결국 국경과 민족의 개념이 희석되면서 '글로벌 시민정신'이 지구촌에 뿌리내릴 것으로 예측된다.

이와 함께 '인공지능사회'와, 꿈과 감성을 파는 사회인 '드림 소사이어티', 사람이 사람을 직접 돌보는 직업활동에 높은 가치를 부여하는 '돌봄경제사회', 영성수련에 의해 발현된 진실성·순발력·돌파력 등이 업무에 전이되어 고부가가치를 창출하는 '솔 매니지먼트 시대'가 거의 동시에 펼쳐진다. 이에 동시다발적인 급진적 변화가 한꺼번에 나타난다(한국미래학연구원, 2017: 2-3).

이렇듯 ① 글로벌 지식사회, ② 글로벌 시민사회, ③ 인공지능사회, ④ 드림 소사이어티, ⑤ 돌봄경제사회, ⑥ 솔 매니지먼트 시대는 2030 대변혁을 몰고 오는 '6대 메가트렌드'이다. 2015년에 부상한 이들 메가트렌드는 2020년대를 거쳐 2030년대로 이어지며 대변혁을 몰고 온다.

여기서 2030 한국의 핵심 키워드인 '드림 소사이어티'를 먼저 살핀 후 대변혁에 관한 논의를 이어간다(서정환 역, 2005 ; 신지은 외, 2007: 140-165).

♣ 드림 소사이어티

덴마크의 세계적 미래학자 롤프 옌센(Rolf Jensen)은 전 세계가 'IT 열풍'에 휩싸였던 1999년에 저서 '드림 소사이어티(Dream Society)'를 발표하였다. 사람들은 상품 자체보다는 상품에 담긴 이야기(story)를 구입하므로, 기업과 시장을 주도하려면 '이야기꾼(storyteller)'으로 거듭나야 한다는 것이다. 사람들은 상품에 담긴 이야기에 감정을 이입하고 동일시함으로써 자신의 이야기로 실현시키고자 한다. 옌센은 정보화 시대 이후 다가올 사회를 '꿈과 감성을 파는 사회'인 드림 소사이어티로 규정하였다. 산업화 이후 물질적 풍요를 누린 사람들에게 상품과 서비스의 가치는 품질과 기능을 넘어 '이야기를 바탕으로 감성을 움직이는 여부'가 좌우한다는 것이다. 그는 기업, 지역사회, 개인이 데이터나 정보가 아니라 '이야기'를 바탕으로 성공하게 되는 새로운 사회가 열린다며, 상품과 서비스에 감성적 가치를 덧붙일 것을 강조하였다.

여기서 '이야기'란 '가치에 대한 진술'로, 이성이 아니라 감성에 직접 호소하는 특징을 가진다. 드림 소사이어티에서는 상품 그 자체(상품의 내용이나 효용가치)는 부수적인 것이고, 팔리는 이야기를 구체화하는 것이 중요하다. 이야기의 힘은 '꿈과 상상력'에서 나온다. 21세기 소비자들은 상품 자체에 집중하기보다 꿈과 상상력을 자극하는 이야기가 담긴 상품을 선호하기에, 이야기꾼이 기업과 시장을 주도하게 된다.

저자는 인간의 '감성 욕구'를 자극하는 대표적인 '6개의 감성 시장'을 제시하였다.

① '모험 판매의 시장(Adventures for Sale)'은 모험 이야기로 소비자의 구매 욕구를 자극하는 시장이다. 인간의 한계에 도전하고 성취하는 각종 이야기를 브랜드나 상품에 묶는 형태이다.

② '연대감, 친밀감 그리고 사랑을 위한 시장(Market for Togetherness, Friendship and Love)'은 공감대 형성에 무게를 싣는다. 개인주의의 확대로 현대인은 고독과 외로움을 느낀다. 같은 종류의 커피나 맥주를 마시는 사람들 간 친밀감을 높이거나 같은 브랜드의 보석을 선호하는 사람들 간 사연을 만드는 과정

등은 공감대를 형성하여 수요를 이끈다.

③ '관심의 시장(Market for Care)'은 관심을 주거나 받고 싶어 하는 인간의 욕구로 움직인다. 관심을 주고 싶은 시장은 애완동물, 장난감, 녹색성장 같은 분야에서 주로 나타난다. 사이버 닭을 키우는 장난감 '다마고찌'가 대표적인 예이다. 관심을 받고 싶은 시장은 대체의학, 종교 등 육체적·정신적 건강을 유지하려는 분야에서 활발히 나타난다.

④ '나는 누구인가 시장(Who-Am-I Market)'은 상품이 지닌 이미지로 하여금 개개인을 규정하는 데 무게를 싣는다. 주로 명품 시장에서 나타난다. 가령 루이뷔통 가방을 구입하는 사람들은 가방의 실질적 기능보다는 덧붙여진 이야기에 가치를 둔다. "나는 활기찬 사람"이며 "전 세계의 멋있는 호텔에 투숙하며 품위를 유지하는 사람"이라는 식으로 자기 자신에 대해 말하는 것이다.

⑤ '마음의 평안을 위한 시장(Market for Peace of Mind)'은 과거에 대한 향수, 평안, 영원성을 자극한다. 잭 다니엘 사(Jack Daniel)의 테네시 위스키(Tennessee Whiskey)는 "9월은 잭 다니엘 씨의 151번째 생일입니다. 아니면 누군가의 말처럼 147번째일지도 모릅니다. 지금까지도 우리 창업자의 정확한 생일은 수수께끼입니다"라는 광고를 내세워 긴 시간 변하지 않는 주조법으로 제품을 만든다는 신뢰감을 전달한다.

⑥ '신념을 위한 시장(Market for Convictions)'은 흡연, 생태학, 유전공학, 동물복지, 에너지 고갈 등 사회경제적으로 가치판단을 요구하는 주제를 다루며 정치적 성격을 띤다. '신념을 위한 시장'의 중심에 선 기업으로는 그린피스(Greenpeace)가 대표적이다. "범죄를 목격하면 당신은 경찰을 부릅니다. 지구에 대한 환경범죄가 저질러질 때 사람들은 우리를 부릅니다"라는 주장을 담은 광고를 통해 신념을 판다.

이와 같이 드림 소사이어티는 꿈·이야기·상상력 등 감성적 요소가 중요하게 부각되는 사회이다. 드림 소사이어티에서는 일의 개념에 혁명이 일어난다. '힘든 일'이라는 기존의 일의 개념에서 벗어나 '힘든 재미'라는 새로운 개념으로 바꾼다. '힘든 재미'란 '모든 것을 걸고 몰두하는 것'을 이르는데, '동기유발, 창의성 및 팀워크'의 결합이 필수적이다.

'힘든 재미'가 적용된 드림 소사이어티의 기업은 '부족'이다. 부족은 '함께 사냥하고 사냥감을 어떤 규칙에 따라 나누는 잘 짜인 단위'이다. 여기서는 사용자와 노동자라는 수직구조에서 벗어나 종업원이 곧 주인이 된다. 종업원을 단순히 지배를 받는 사람이 아닌, 공동목표 달성을 위해 자신의 모든 역량을 쏟아붓는 참여자로 만들어야 한다.

현대 기업이 처한 환경 속에서 결정적인 생산요소는 구체적인 지식뿐 아니라 '동기유발, 창의성 및 팀워크'이다. 사무실에서 일어나는 생산은 단순히 조립생산라인의 기계적인 과정이 아니다. 그것은 지적인 과정이며 사회적인 과정이다. 그 과정이 가장 효율적으로 작동되어 최적의 생산성이 유지되면, 바로 그 방식이 '힘든 재미'가 된다. 그러므로 동료들을 이해하고, 건설적 비판을 주고받고, 도움이 필요한 사람에게는 손을 내밀어주는 사회적 능력이 필요하다. 또한 변화를 즐겁게 맞이하고 창의력을 앞세워 대응해나가는 일, 자신의 수월성에 대해 자신감을 갖는 일 등도 중요하다.

이와 같이 일의 개념을 '힘든 일'에서 '힘든 재미'로 바꾸는 드림 소사이어티에서, 일터 구성원의 창의성, 감성능력 및 팀워크 역량을 키워주는 일은 곧 일터의 경쟁력을 높이는 일이라고 할 수 있다.

지금부터 앞 '대변혁'에 관한 논의를 이어간다.

우리가 살아온 사회는 농경사회를 거쳐 산업사회로 발전해 왔다. 1970년대에 들어 미래학자들은 산업화 이후 어떤 사회가 출현할 것인가를 탐구하였다.

벨(Daniel Bell)은, 기존의 산업사회는 1980년대 말을 분기점으로 '후기산업사회'로 전이할 것으로 예측하고 그 특성과 구조를 제시하였다. 벨이 제시한 후기산업사회는 서비스사회, 인간중심사회, 정보화사회, 학습사회 그리고 지식사회의 특성을 나타내는 사회이다. 서비스사회라는 점에서 레저, 건강, 보험, 정보, 교육, 연구 등 서비스경제가 주가 되고, 인간중심사회라는 점에서 인간에 대한 대우·보상·분배의 공정성이 강조되며 개인능력 극대화를 지향한다. 정보화사회라는 점에서 사회 저변에 촘촘히 깔린 정보망을 기반으로 정보의 공유·교환·분배가 가속화하여, 정보가 인간생활을 지배하고 삶의 질을 결정한다. 또한 학습사회라는 점에서 학습능력이 생존능력이 되어 사회 전반적으로 학습인프라가 구축되고 조직은 학습조직으로 전환한다. 그리고 지식사회라는 점에서 지식이 사회발전을 이끄는 동시에 그 자체가 경쟁력이 된다(Applebaum, 1992: 336-350 ; Bell, 1989: 164-176).

실제로 1990년대에 들어 선진국을 비롯한 많은 중진국들이 후기산업사회로 진입하였다. 후기산업사회는 정보화사회를 기본특성으로 하며, 정보화사회는 학습사회를 기반으로 지식사회로 발전하고 있다.

하만(Willis Harman)은 그의 논문 '지식변혁 시대의 도래(The Coming Transformation in Our Knowledge, 1974)'에서 지식사회로 나가기 위한 여러 가지 가설을 제시함으로써 미래 개척을 용이하게 하였다. '지식사회(Knowledge Society)'라는 용어를 최초로 사용한 레인(Robert Lane)은, 지식사회를 ① 정보·과정(process)·인간이 하나로 결합하여 거대한 지식저장고를 창출하는 사회, ② 지식의 해석, 조직, 구축이 부단히 순환하는 사회, ③ 지식의 가치를 더욱 밝혀주는 지식을 연구, 개발 및 적용하는 사회로 정의하였다(Lane, 1966: 650).

이와 같이 산업화 이후 미래학자들이 예측한 정보화사회, 학습사회, 지식사회가 순차적으로 열려 우리는 지금 지식사회를 맞이하고 있다. 이러한 지식사회의 토대 위에 2020년대를 거쳐 2030년대로 이어지며 우리사회에는 글로벌 지식사회와 글로벌 시민사회, 인공지능사회, 드림 소사이어티, 돌봄경제사회 및 솔 매니지먼트 시대가 펼쳐질 전망이다.

하인호 박사는 'The Futurist'와 'Future Survey'를 비롯한 미래 연구물을 고찰하여 2015년과 2020년의 '미래나무 나이테'[1]를 만들고, 이를 분석한 결과를 기초로 2030년까지의 '한국사회의 미래예측 조감도'를 <그림 2-1>과 같이 제시하였다(한국미래학연구원, 2017: 4-5). 이를 중심으로 2030년대로 이어질 한국사회의 대변화를 다음과 같이 제시한다.

---

1) 한 그루의 나무를 겉으로 보면 그 속성을 알 수 없다. 어느 한 곳을 잘라 나이테를 살피면 그 나무가 자라온 세월, 문양, 질, 부가가치 등을 알 수 있다. 나무의 줄기를 잘라 나이테를 살피면 그 나무의 속성을 알 수 있듯이, 미래의 어느 시점을 잘라서 살피면 그 시점의 메가트렌드가 보인다. 메가트렌드는 거대 추세로, 구체적인 분야별 추세와 단기 추세를 내포하고 있다(김길롱, 2013: 185).

<그림 2-1> 한국사회의 미래예측 조감도

	2010	2020	2030

지식 →   지식경제 → ●글로벌   / ●글로벌 ……   ……→ 우주
사회   정착   지식사회   시민사회   시대

질적 정보 폭발

2015
정보경제 하향 / 돌봄경제 부상

인공지능사회 ⇨ --------●----------------------------

드림 소사이어티 ⇨ -------●---------------------

돌봄경제사회 ⇨ ---------●---------------------

솔 매니지먼트 ⇨ ---------●---------------------

동북아--투 더블유권(WW) ---------- ⇨ 중동·아프리카------
            CHINDIA -------- ⇨ the Middle East, Africa

* ●: 부각 시기

<그림 2-1>에 제시된 모든 대변화를 견인하는 기본 축은 '지식사회'이다. 그리고 이 시기를 주도하는 메가트렌드는 글로벌 지식사회와 글로벌 시민사회, 인공지능사회, 드림 소사이어티, 돌봄경제사회 및 솔 매니지먼트 시대 등인데, 각각 2015년에 그 특징이 부각하여 2020년대를 거쳐 2030년대로 이어질 전망이다.

이와 함께 신성장 벨트의 흐름은 동북아(1980-2007)에서 '투 더블유권(2000-2020)'을 거쳐 2020년 이후에는 중동과 아프리카로 이어질 전망이다. '투 더블유권'은 한반도와 중국을 잇는 해안선을 하나의 더블유(W)로, 인도차이나반도와 인도를 잇는 해안선을 또 하나의 더블유(W)로 보아, 이 지역을 포괄하는 광영역을 지칭한다(하인호, 2004: 17).

이들 메가트렌드 중 글로벌 시민사회는 인구이동과 다문화를 촉발하여 지구촌을 정착시키는 동인으로, 그리고 인공지능사회는 이 모든 대변화의 진원지로 작용한다. 이 점에서 먼저 인공지능사회가 불러오는 변화의 파장을 논의한 후, 다음 '2절'에서 이들 대변화가 우리사회에 미치는 파장을 논의한다.

♣ 인공지능사회가 불러오는 변화의 파장

2015년에 부각한 인공지능사회는 2020년대를 거쳐 2030년대로 이어지며 우리사회에 다음의 변화를 불러올 전망이다(하인호, 2009: 290-303 ; 김길룡·박병두, 2021: 24-27).

먼저 대대적인 인구이동이 일어난다.

인공지능사회는 고도의 정신문명사회가 열림을 의미한다. 사람들은 감성 만족, 정신적 건강, 음식물의 질, 농수산물의 청정도, 자연친화 주거환경 등 '웰빙 지수'를 높여주는 '친환경 의식주생활'을 추구한다. 웰빙 중심, 친환경·친자연 중심의 생활환경은 대대적인 인구이동을 촉발하여 사람들은 대도시에서 소도시로, 도시에서 농촌으로 이동한다. 이러한 인구이동은 가족공동체를 강화하며 연대가족의 확대를 불러온다. 개인의 가정생활이 급속히 단축되는 '24시간 가동사회'에서 맞벌이부부의 자녀양육을 위해 친지, 무자녀 부부, 노인, 퇴직자 등이 연대부모의 역할을 담당한다. 이는 전통적으로 이어져온 가정교육과 사회교육의 분리에서 벗어나 양자의 유기적 결합을 의미한다. 이 같은 인구이동과 맞물려 기업도 대도시에서 소도시나 농촌으로 이동한다. 이에 재택근무와 시간선택제·공간선택제 근무가 확산하여 주거지역별로 재택근무 사무실이 설치될 전망이다.

다음으로 제도권교육이 혁신된다.

인공지능 교수-학습 소프트웨어는 개별화학습을 크게 진작하여 평생학습 시대를 본격화한다. 학교교육은 이에 알맞게 변화하여 지금의 대안학교 프로그램과 유사한 학교교육 모형이 도입된다(하인호·김길룡, 2009: 31-32). 교육과정의 많은 부분을 조사·연구, 실험·실습, 발표, 토론으로 이어지는 일련의 '지식창출 중심 자기학습활동'으로 편성하고, 이를 교육평가와 연계한다. 교사는 포트폴리오의 구성항목과 평가기준을 명세화하여 학생들과 공유하고, 학생은 자기학습활동의 결과를 포트폴리오로 제출한다. 교사는 평가기준에 의거하여 학생들의 성취도를 평가하고 그 결과를 즉시 피드백 하여 학습의 내면화를 기한다. 학생의 능력·적성·성취도를 높이고 그 결과에 따라 사회 적소에 배치하는 일은 여전히 학교교육의 주기능이 되어야 하기 때문이다(김병성, 2017: 58-61).

이렇듯 학생의 '지식창출 중심 자기학습활동'이 교육과정의 중심이 되고 이를 밑받침하는 일이 학교의 주기능이 되어, 학교는 학생이 실험·실습, 조사·연구, 발표회, 학습이벤트, 체험활동 및 워크숍 하는 곳이 된다. 이와 함께 초·중·고교 교육에 홈스쿨링이 확산하고 인공지능 교수-학습 소프트웨어가 이를 지원할 것으로 보인다.

다음으로 '돌봄경제사회'가 본격화한다.

고도의 정신문명사회가 열리면서 돌봄·나눔·봉사·공감·소통·감정이입 등 인간중심 가치관이 크게 대두하여 이들 가치관 구현을 실천하는 직업활동, 즉 돌봄활동이 새로운 경제활동으로 부각하는 '돌봄경제사회'가 열린다. 돌봄경제사회는 '사람이 사람을 직접 돌보는 직업활동을 통해 인간학적 가치, 사회적 가치, 경제적 부가가치를 창출하는 사회'이다.

　돌봄경제사회는 사람이 사람을 직접 돌보는 직업활동에 높은 가치를 부여한다. 주된 '돌봄 영역'으로 대인봉사중심 돌봄, 대인성장지원 돌봄, 신지식기호계층 돌봄 등이 있다. 대인봉사중심 돌봄으로 영·유아 돌봄, 청소년 돌봄, 중장년층 돌봄, 노인 돌봄, 심신장애인 돌봄, 가정주부 돌봄, 신변안전 돌봄 등이 있다. 대인성장지원 돌봄으로 청소년 생애설계·포트폴리오설계·비전창출 돌봄, 청년층 비전창출·경력개발 돌봄, 중장년층 비전창출·제2인생설계 돌봄 그리고 노인층 웰 엔딩(Well-ending)·제3인생설계 돌봄 등이 있다. 신지식기호계층 돌봄으로는 그룹별 체험활동 돌봄, 그룹별 취미활동 돌봄, 신지식 탐구활동 돌봄 등이 있다. 인공지능사회는 고도의 정신문명사회여서 자기 자신을 가치 있는 존재로 보는 '자기존중욕구'와, 자신의 모든 역량을 쏟아부어 자아를 실현함으로써 가치 있는 삶을 살고자 하는 '자아실현욕구'가 더욱 심화될 것이기에, 그 충족을 위해 돌봄 영역은 더욱 세분화되고 정교화될 전망이다.

　다음으로 대대적인 구조조정이 일어난다.

　인공지능사회는, 현업에서 일과 학습을 밀착하여 일을 업그레이드하는 지식을 창출, 공유 및 적용하면서 창의적으로 일하는 '지식근로'를 가속화한다. 개개인은 인공지능 로봇을 다루며 자기 주도적으로 완벽하게 지식근로를 수행하고 그 결과에 책임을 진다. 이는 '숙련 지식근로'를 대두하여 노하우·경륜·통찰력 등 자신의 지적자산을 가진 고령인력이 중시되고, 이와 함께 재택근무의 일상화, 기존 인력의 재교육·재배치 등이 요구되어 대대적인 구조조정이 일어날 전망이다.

끝으로 '느림 사회'가 부상한다.

인공지능사회는 개인에게 빠름의 세계와 느림의 세계를 동시에 제공한다. 개인은 빠른 만큼의 여유를 제공받는다. '주5일근무제'가 2일이라는 여유를 주듯, 집중근무는 능력만큼의 여유를 준다. 빠름은 능력을 발휘하는 세계이고, 느림은 빠르기 위한 에너지를 충전하며 삶을 질을 높이는 세계이다. 느림은 여가선용과 자기 성장의 기회를 제공해준다. 개개인은 빠름과 느림을 동시에 수용하는 지혜를 발휘하며 삶의 질을 높여나가야 한다. 특히 느림의 세계는 다음의 가치를 줄 것으로 기대된다(김길룡, 2013: 199).

- 친환경과 친자연을 즐기는 기회를 제공한다.
- 친환경 의식주생활을 제공하여 가족공동체를 강화한다.
- 자녀교육을 위한 시간을 제공한다.
- 취미생활과 여가생활을 활성화하여 풍부한 감성을 길러준다.
- 자기 성장의 기회를 제공한다.
- 자기 성찰의 기회를 제공한다.

2. 대변혁의 파장

앞에 제시한 '6대 메가트렌드'는 2015년에 그 특징이 부각하여 2020년대를 거쳐 2030년대로 이어질 전망이다. 이들 대변화가 우리사회에 미치는 파장을 앞 '<그림 2-1> 한국사회의 미래 예측 조감도'를 중심으로 다음과 같이 논의한다.

(1) 격동의 2020년대

우리는 2030년 이전에 인공지능사회의 토대 위에 돌봄경제사회와 드림 소사이어티를 충분히 성숙시키면서 우주 시대로의 순조로운 출발을 해야 한다. 무엇보다 격동의 2020년대를 슬기롭게 넘어서는 일이 중요하다.

2020년대는 돌봄경제사회의 정착과 함께 우주 시대로의 출발이 이루어지는 시기이다. 이에 인간의 가치관이 지구 중심에서 우주 중심으로, 국가경쟁력 또한 지구중심에서 우주중심으로 바뀌며 일대 가치관 혼란을 겪을 것으로 보인다. 더욱이 1990년대 말부터 개발하기 시작한 첨단과학기술이 2025년을 전후로 실용화되면서 기존의 과학기술은 생활 주변의 환경 인프라에 불과하게 되고, 이와 함께 첨단과학기술은 새로운 과제를 떠안게 된다. 즉 첨단과학기술 인프라를 어떻게 교체하고 또 어떻게 활용할 것인가의 문제가 대두되는 것이다. 2030년대에 열릴 우주 시대로의 안정된 궤도를 마련하는 데 우선적 초점을 두어야 할 것이다.

한편 지금까지의 정보폭발이 주로 양적 폭발이었다면, 2020년대의 정보폭발은 질적 폭발이 주가 된다. 이러한 환경 속에서 2030년대가 요구하는 엔지니어 양성을 위해, 이들로 하여금 인문학적·예술적 소양 및 윤리적 소양을 겸비하게 하는 철저한 교육이 절대적으로 중요하다. 이들은 단순 기술자가 아니라 돌봄경제사회와 드림 소사이어티의 주력산업을 이끄는 프로페셔널이 되어야 하기 때문이다.

(2) 글로벌 시민사회의 가속화

우리는 글로벌 시민사회를 적극 수용, 발전시켜나가야 한다.
상품 및 지식 이동의 가속화에 따라 이주의 물결은 점점 거세지고 있다. 글로벌 시민사회를 적극적으로 받아들이는 국가만이 경쟁력을 발휘할 수 있다. 글로벌 시민사회의 정착과 성숙은 2030 국가경쟁력을 결정하는 핵심요소로 작용한다. 과거에도 이민정책은 국력을 결정하는 주요 요인이었다. 고대 로마는 적극적인 이주정책을 통해 국가경영을 하여 로마제국을 건설하였고, 미국 역시 이주문화를 중심으로 강대국으로 탄생하였다.

그동안 미국이 기회의 땅이어서 이주의 물결은 계속해서 미국을 향해 흘렀으나 지금은 그 방향이 크게 달라졌다. 전 세계적으로 글로벌 시민사회를 지향하면서 자신의 능력으로 행복하게 살 수 있는 모든 곳이 기회의 땅이 되고 있다. 지금은 동아시아가 기회의 땅이 되고 있고, 미국 젊은이들조차 기회의 땅을 찾아 외국으로 떠나려 한다고 한다. 글로벌 시민사회는 '행복을 찾는 역동적인 이주의 물결'로, 다음의 유형을 추정할 수 있다(김길룡, 2017: 64-65).

첫째, 개도국 젊은 과학자들이 선진국으로 이주하는 유형이다. 이들은 좋은 대접을 받는 동시에 선진 기술을 배워 자국으로 돌아와 보다 높은 꿈과 이상을 실현하기 위해 이주를 한다.

둘째, 중진국 중상류층이 개도국으로 이주하는 유형이다. 적은 가계지출로 높은 생활수준을 유지하며 전문가로 대접받기 위함이다.

셋째, 개도국 젊은이들이 선진국보다는 오히려 중진국으로 이주하는 유형이다. 중진국에서 지식과 기술을 배워 자국으로 돌아와 적극 활용할 수 있기 때문이다.

넷째, 지금까지 미국, 호주, 캐나다 등으로 향하던 일방적인 이주의 물결이 역내 이동으로 전환한다는 점이다. 이에 따라 서남아 및 동남아 젊은이들이 동북아로 이주하고, 동북아의 중상류층이 동남아로 이주를 한다.

글로벌 시민사회는 곧 행복을 찾는 역동적인 이주의 물결이므로, 개개인에게 행복을 주는 교육체제의 구축이 핵심과제가 된다. 각자가 가진 개성과 재능 등 수월성을 적극 수용, 개발하는 '수월성 교육'의 구축은 외국으로부터 우수 인력을 끌어들이는 강력한 동인으로 작용한다.

(3) 정보경제 하향과 돌봄경제 부상

인공지능사회는 정신노동의 자동화를 불러온다. 인공지능이 인간의 육체노동뿐 아니라 정신노동을 대체함에 따라 나머지 인력은 자연스레 돌봄경제 활동에 집중하게 된다. 돌봄경제 활동에는 사람이 가장 적합하여 사람이 이 일을 담당하고, 나머지 일은 인공지능이 담당한다. 이는 정보경제 시대가 하향하는 동시에 돌봄경제 시대가 부상하고 있음을 말해준다.

'돌봄경제사회'는 사람이 사람을 직접 돌보는 직업활동을 통해 인간학적 가치, 사회적 가치, 경제적 부가가치를 창출하는 사회이다. 이 사회는 사람이 사람을 직접 돌보는 직업활동에 높은 가치를 부여한다. 인공지능사회는 오히려 돌봄경제사회를 부각하여 인간의 존엄성과 행복 증진에 높은 가치를 두는 사회가 전개된다. 이에 따라 영성수련, 봉사활동, 대인관계, 인간관계중심 사회활동, 간접 자아실현을 위한 체험활동, 보살핌, 인적자원 개발, 서빙 및 연예활동 등을 중심으로 새로운 산업과 직업이 많이 출현할 것으로 보인다.

돌봄경제사회는 교원·법조인·의사 등 전통 전문직에게도 새로운 역할을 요구한다. 교원의 교수-학습방법 관련 노하우는 인공지능 소프트웨어로 대체되고, 인공지능 코스웨어(컴퓨터를 이용한 교육훈련 시스템에 사용되는 프로그램과 데이터를 이르는 말)가 교수·학습을 효과적으로 진행한다. 이에 따라 교원은 학생들과의 개별상담을 통해, 이들의 개별학습을 돌보고 지적·정서적·사회적 성장 발달을 돌보면서 학생들의 꿈을 만들고, 가꾸고, 발전시키는 일을 하게 된다. 법조인에게도 변화가 요구된다. 수사와 심문을 비롯한 각종 조사활동이 인공지능 소프트웨어로 대체되어, 법조인은 그야말로 인간의 존엄성을 존중하며 진실을 가리는 일에 주력하여 지금과 같은 형식적 권위는 점차 사라진다. 범죄자의 인간적 치유 문제도 법조인의 주요 돌봄 영역이 된다. 의사는 혈압이 높으면 혈압약을 처방하고 그것만 관찰하는 데서 벗어나, 영양학적인 면을 연구하고 임상에서 이것을 적용하여 환자의 건강을 돌보는 일을 하게 된다.

인공지능사회의 토대 위에 펼쳐지는 글로벌 지식사회와 글로벌 시민사회, 드림 소사이어티 및 돌봄경제사회의 물결은 우리로 하여금 인간학적 가치를 창출하는 유능한 지식근로자로 자리매김할 것을 강력히 요구한다.

(4) '투 더블유권'의 부상

우리는 '투 더블유권' 국가 간 상생협력 속에서 글로벌화를 성취해야 한다. '투 더블유권'은 한반도와 중국을 잇는 해안선을 하나의 더블유(W)로, 인도차이나반도와 인도를 잇는 해안선을 또 하나의 더블유(W)로 보아, 이 지역을 포괄하는 광영역을 지칭한다. 투 더블유권 중에서 아세안(ASEAN, 동남아국가연합)+3(한·중·일)은 에이펙(APEC, 아시아태평양경제협력체)과 아셈(ASEM, 아시아유럽정상회의)의 핵심지역이다. 투 더블유권은 여기에 인도를 포함한 아세안+4(한·중·일·인도)를 지칭한다. 또한 '투 더블유'는 '상생(WW, win-win)'과 '범세계화(WW, world wide)'의 의미를 담고 있다. 이는 투 더블유권 국가들은 상생협력을 통한 글로벌화를 성취하여 시너지를 내야 함을 시사한다.

이 지역은 2020년대에 세계의 중심권으로 신세계 질서를 구축하고 2030년에는 가장 강력한 세계의 자본시장·생산시장·소비시장이 되어, 투 더블유권을 중심으로 세계패권이 형성될 것으로 예측된다. 한편 투 더블유권은 2030년까지 중동과 아프리카의 개발에 지대한 영향을 미치게 된다. 특히 중국과 인도는 중동의 개발을 이끌면서 이 같은 개발 붐을 아프리카로 연결할 것으로 보인다. 앞으로 투 더블유권 국가들과 구미 선진국들 간

아프리카 개발 경쟁이 치열해질 것이다.

이와 같은 투 더블유권의 특성을 다음과 같이 집약한다(하인호, 2004: 21-31 ; 김길룡, 2012: 181-182).

① 투 더블유권에는 세계 4대 문명발상지(황하문명, 메소포타미아문명, 인더스문명, 이집트문명) 중 두 곳이 있고, 나머지 두 곳과 근접해 있다.

② 기독교, 유교, 불교로부터 힌두교와 이슬람교에 이르기까지 모든 세계종교를 수용하고 있고, 해안선을 따라 한국에서 인도에 이르면서 유교문화, 불교문화, 이슬람문화 및 힌두문화가 전개되어 문화적 다양성을 포용하고 있다. 특히 유교문화와 히말라야문화의 만남을 통해 세계 문화의 중심지가 될 것으로 보인다. 이렇듯 다양한 종교와 문화를 포섭하여 21세기 지구촌을 이끌 보편적 가치를 창조해낼 수 있다.

③ 교육열이 높고 가족연대와 애국심이 강하며 비슷한 문화적 정서를 가지고 있다. 또한 한국과 일본을 제외한 대부분의 국가들이 부존자원이 풍부하고 청소년인구가 많다.

④ 투 더블유권은 온대와 아열대지역으로 구성되고 산업과 경제의 분업이 조화로워, 상호보완과 상생관계 속에서 시너지를 낼 수 있다.

⑤ 투 더블유권은 제조 천국(중국)과 IT 강국(한국과 인도)의 결합으로 고품질의 최첨단상품을 만들어낼 수 있다.

⑥ 대부분의 국가들이 육상 및 해상 교통망을 가지고 있어 저렴한 물류비용으로 활발한 교역을 펼칠 수 있다.

이 같은 특성은 우리에게 많은 기회를 준다. 2020년대는 투 더블유권이 세계 중심축으로 부각하는 시기이므로, 우리는 이들 특성으로부터 다음과 같은 프로젝트를 추진하여 '투 더블유권 주도국가'로서 리더십을 발휘해야 한다(김길룡, 2012: 182-183).

첫째, 투 더블유권 유학생을 적극 유치한다. 유학생 교류는 국가 간 미래 협력체제를 강화하는 지름길이다. 특히 인도와 중앙아시아에 많은 국비유학생을 파견하고, 이들 국가로부터 많은 유학생을 받아들일 필요가 있다.

둘째, 현장중심 지역전문가 양성에 주력한다. 특히 기업은 이 지역 근무 직원들에게 특별장학금을 주어 주재국 고등교육을 이수케 하고, 또한 연구비 지급을 통해 해당 지역 연구프로젝트를 심도 있게 수행케 하여 경쟁력 있는 현장중심 지역전문가로 키워야 한다.

셋째, 투 더블유권 인력개발센터를 설치하여 투 더블유권 국가들의 성장과 발전을 돕는 역할을 해야 한다. 투 더블유권 각국에 인력개발센터를 설치하여 교육수료 현지인을 적극 채용하고, 국내에도 투 더블유권 인력개발센터를 설치하여 투 더블유권의 근로자들과 투 더블유권 진출 국내 근로자들을 대상으로 직업교육을 강화해야 한다. 이를 통해 한국 노동력의 정체성을 확보하는 동시에 투 더블유권 국가들의 발전을 돕는다.

넷째, 투 더블유권의 다양한 문화를 중심으로 문화벨트를 만들어 관광산업과 연계한 '투 더블유권 문화 실크로드'를 개발하고, 이를 투 더블유권 횡단 철도나 고속도로 건설과 연계할 필요가 있다.

다섯째, '투 더블유권 이동 대학(移動大學)'의 설립은 시너지 효과가 클 것으로 예상된다. 투 더블유권은 해안선에 접해 있어 유람선을 통한 '이동 대학' 설립이 충분히 가능하다. 해안선과 항만을 잇는 해양물류 실크로드의 개발은 이동 대학의 운영에 큰 도움을 준다. 이동 대학은 투 더블유권의 특성에 알맞게 해양중심 과정, 지역연구중심 과정, 종교중심 과정 등 다양하게 편성할 수 있다.

3. '글로벌 한국인 디아스포라'로 탄생하기

글로벌 지식사회와 글로벌 시민사회, 인공지능사회, 드림 소사이어티, 돌봄경제사회 및 솔 매니지먼트 시대의 복합적 특성을 나타내는 '2030 지식사회' 속에서, 우리는 유능한 지식근로자로서 '글로벌 한국인 디아스포라'가 되어 기업·지역사회·국가의 발전을 이끌어야 한다(한국미래학연구원, 2017: 13-14).

'디아스포라(Diaspora)'란 라틴어 '디아(dia, 흩어진)'와 '스포라(spora, 씨앗)'의 합성어로 '흩어진 씨앗'을 이른다. 이는 '흩어진 사람들'이라는 의미로, 팔레스타인을 떠나 온 세계에 흩어져 살면서 유대교의 규범과 생활관습을 유지해온 유대인을 이르던 말이다. 오늘날 이 개념은 유대인과 같이 어떤 특정 장소를 준거로 결집된 것은 아니라 하더라도, 강한 정서적·민족적 공동체를 형성하는 현상을 총칭하는 개념으로 사용된다(하인호, 2008: 231). 유대인들은 BC 597~BC 538년 신바빌로니아에 의해 강제로 고국땅에서 쫓겨나 이국땅을 떠돌아야 했다(바빌론 유수). 전 세계 유대인의 수는 약 1,600만 명으로 추산된다. 이스라엘에 600만 명이 살고, 다른 나라들에 1,000만 명이 사는데 이 중 미국에 600만 명이 거주한다. 전 세계에 흩어져 있는 유대인들이 힘을 하나로 모아 본국 이스라엘을 뒷받침하고 있다.

'한국인 디아스포라(Korean Diaspora)'는 본래 외국에 거주하는 한국인을 이르던 말이었으나, 최근 한민족공동체로서의 중요성과 해외 한인들을 포함하는 글로벌 네트워크의 중요성이 강조되면서 그 범주가 확대되고 있다. 한국인 디아스포라는 다양한 목적을 가진 자발적 해외이주라는 점에서 강제 이주가 주가 되는 유대인 디아스포라와 다르다. 재외동포청의 '재외동포 현황(2023)'에 의하면, 한국인은 2023년 기준 181개국에 약 708만 명이 거주하고 있다. 이산의 수적 규모는 중국인, 유대인, 한국인,

이탈리아인, 인도인, 일본인 순으로 세계 3위이나, 이산 분포에서 보면 단연 세계 1위이다. 이렇듯 한국인은 전 세계에 거주하고 있는데 반해, 중국인은 동남아시아와 북아메리카에, 유대인과 일본인은 북아메리카에 집중적으로 거주하고 있다.

글로벌 시민사회의 가속화에 비추어, 여기서는 '한국인 디아스포라'를 국내외 한국인 모두를 포함하는 개념으로 사용한다. 한국인 디아스포라는, 유대인과 같이 단순히 조국을 위해 무엇을 할 것인가의 차원을 넘어, 국내외 한국인 모두가 함께 힘을 모아 동서양 결합과 세계평화를 위한 다양한 씨앗을 뿌리는 데 그 의의가 있다. 이 일을 위해 한국인은 국내외에서 힘을 모아 네트워크를 구축하고 한국인의 저력을 쏟아내야 한다. 이미 이를 위한 창조적 작업이 이루어지고 있다.

'글로벌 한국인 디아스포라'의 탄생을 위한 기반으로, 교육체제를 혁신하는 일, 정신적 역량이 큰 정부를 만드는 일, 글로벌 지식허브를 구축하는 일 등이 성공적으로 성취되어야 한다(한국미래학연구원, 2017: 14-23).

가. 교육체제를 혁신하자

굽은 나무는 작품이 되고, 곧은 나무는 재목이 된다. '글로벌 한국인 디아스포라'의 탄생을 위해서는 사람의 차이를 존중하는 문화를 뿌리내려야 한다. 사람의 차이를 우열로 보지 말아야 한다. 사람의 차이를 오직 하나밖에 없는 유일한 것으로 존중해 주어야 한다. 그러면 자연스레 각자의 개성과 장점이 돋보여 개인의 수월성(秀越性)이 발휘된다. 날로 가속화하는 글로벌 시민사회에서는 사람의 차이를 존중하는 일이 가장 중요하다. 학교교육은 철저히 '수월성 교육'으로 전환하여 개개인의 능력 발휘를 중시하는 사회적 풍토를 만들어가야 한다.

교육이 사람의 차이를 존중하는 일에 앞장서야 '글로벌 한국인 디아스포라'가 탄생할 수 있다. 교육부는 전통적인 관리중심 행정을 벗어던지고 '인재대국'을 만드는 일에 앞장서야 한다. 교육부는 두뇌강국을 창조하는 '미래부'가 되어야 한다. 평준화에 미련을 가져서는 안 된다. 교육을 수월성 중심으로 혁신하여 자율·선택·집중을 통해 학생과 학교의 글로벌화를 성취해야 한다.

지금 열리고 있는 글로벌 지식사회와 글로벌 시민사회, 돌봄경제사회, 드림 소사이어티 및 솔 매니지먼트 시대의 정착과 성숙을 위해서는 교육체제 전반을 근본적으로 혁신하는 일이 시급하다. 교육부는 관리중심 행정에서 창의중심 행정으로 전환하여 고등교육 업무를 한국대학교육협의회, 한국전문대학교육협의회, 대학교와 전문대학으로 넘겨주어야 한다. 바로 이 조직체들이 자율과 경쟁을 통해 대학과 학생의 글로벌 능력을 길러주어야 한다. 초·중등교육에 관한 업무 역시 각 시·도 교육청으로 넘겨주어야 한다. 시·도 교육청별로 자율과 경쟁을 통해 교육의 글로벌화를 성취해야 한다.

지금 지방자치단체들이 교육혁신을 위한 혼신의 노력을 기울이고 있다. 앞으로 군 지역과 소도시까지도 교육, 문화, 복지 및 친환경 의식주생활을 중심으로 대도시와 경쟁하게 된다. 특히 이들 지역은 교육혁신을 성취하는 데 앞장설 것이다. 교육혁신이 지역주민의 최고 관심사이기 때문이다. 중앙정부는 지방자치단체가 교육혁신을 통해 경쟁력을 확보할 수 있도록 적극적인 지원을 아끼지 말아야 한다.

나. 정신적 역량이 큰 정부를 만들자

능력에 따른 행복 추구를 위해 해외로 이주하는 일이 확산하고 있다. 이 물결은 특히 젊은이들의 해외이주를 가속화한다. 글로벌 시민사회의 물결은 유목민들의 활기차고 민첩한 움직임처럼 자유롭게 국경을 넘나드는 시대를 열 것이다.

글로벌 시민사회에서는 국가의 고유 기능은 약화되나 정신적 기능은 크게 강화되어 새로운 역할을 요구한다. 사람은 각자 정체성이 있기에 자긍심을 가지고 삶을 살아간다. 이 정체성은 무한한 정신력을 내포하고 있는데 글로벌 시민사회에서는 조국애로 흐른다. 지금은 우리의 정체성을 밝히고 발전시키는 연구가 절대적으로 중요한 시점이다. 정신적 기능이 큰 정부라야 '글로벌 한국인 디아스포라'를 탄생시킬 수 있다. 정신적 기능이 강한 정부는 국내 거주 국민뿐 아니라 181개국에 거주하는 약 708만 명의 재외동포를 껴안을 수 있다.

(1) 고유 기능이 축소되는 작은 정부

글로벌 시민사회 속에서도 여전히 국가는 존재한다. 고유 기능이 축소될 뿐이다. 인공지능사회가 도래하면서 그동안 국가권력에 의존해온 많은 일들이 인공지능으로 대체되어 국가의 고유 기능은 축소되고 있다. 기존의 정부는 작은 정부로 전환해야 한다.

인공지능은 국방, 교육, 문화를 비롯한 많은 분야에서 국가의 기능을 대행한다. 사법 기능을 보면, 사건에 관련된 사람들이 온라인으로 검찰과 법원에 진술을 하고, 비디오를 통한 증언을 하고, 인공지능 로봇에 의한 현장검증이 이루어진다. 더욱이 국민들의 직접적인 정치 참여와 함께 인공지능은 입법 기능까지도 축소시킨다.

국가의 교육권도 학부모에게로 돌아갈 것이다. 원래 교육권은 학부모의 권한이었다. 보다 나은 교육을 위해 학부모는 교육권을 학교에 맡겼고, 국가발전을 위해 국가에 교육감독권도 넘겨주었다. 그러나 학교와 국가가 교육권과 교육감독권을 잘못 사용하면 학부모는 교육권을 돌려달라고 요구할 것이다. 지금 홈스쿨링과 캐어 스쿨링2)의 대두, 학부모의 학교운영 참여 확대 등 교육권의 일부가 학부모에게로 돌아가는 현상이 나타나고 있다. 앞으로 이런 일들이 더욱 확대되어 국가의 교육권은 대폭 축소될 것이다.

정부는 글로벌화를 지원하는 작은 정부가 되어야 한다. 정부는 지방자치단체나 지역의 중소도시가 어느 특정 분야에서 글로벌 경쟁력을 발휘할 수 있도록 적극 지원하는 데 전념해야 한다. 나아가 기업이 글로벌 리더십을 발휘하고 개개인 또한 글로벌 리더십을 발휘할 수 있도록 적극적으로 지원하는 정부의 역할이 강조된다.

(2) 정신적 기능이 강화되는 큰 정부

인공지능사회와 돌봄경제사회에서는 국가의 고유 기능이 축

---

2) 캐어 스쿨링(Care-schooling)은 돌봄경제 시대의 이상을 실현하는 돌봄 스쿨링으로 일반적인 교수학습은 인공지능 소프트웨어가 담당하고, 교사는 학생 개개인의 성장 발달을 지도하는 데 전념한다(하인호, 2008: 71). 뒤 '제3장 3. 분야별 변화'에서 이에 대해 구체적으로 논의함.

소되는 대신 정신적 기능은 강화된다. 즉 유형적 기능은 작지만 무형적 기능이 큰 정부가 탄생하는 것이다. 정신적 기능이 큰 정부라야 글로벌 리더십을 발휘할 수 있다.

국가 브랜드가 뚜렷하면 정신적으로 큰 정부가 된다. 우리정부는 국가 브랜드를 강화하여 한국의 이미지를 지구촌 깊숙이 심어가야 한다. 도덕성 지수가 높으면 정신적으로 큰 정부가 된다. 인권지수, 투명사회 건설, 국가 신용등급 및 행복지수 등을 높여 세계 속에서 도덕적으로 큰 정부를 만들어야 한다.

국민이 평화롭고 행복하게 살면 정신적으로 큰 정부가 된다. 국민은 인간으로서의 행복을 추구할 수 있는 권리, 즉 '행복추구권'을 가지고 있다. 정부는 국민의 행복추구권을 보장해야 할 책무가 있다. 정치권 역시 국민의 행복추구권을 보장하는 정치활동을 해야 할 책무가 있다. 정부는 국민이 신명나게 일하면서 즐겁게 살아갈 수 있는 국가 비전을 제시해주어야 한다. 이러한 비전을 제시하지 못하는 정부는 국민의 눈에는 작은 정부로 보인다.

다. 글로벌 지식허브를 만들자

글로벌 지식사회와 글로벌 시민사회, 돌봄경제사회에서 '글로벌 지식허브'는 국가경쟁력을 결정하는 주요 요소이다. 글로벌 지식허브는 '글로벌 한국인 디아스포라'를 탄생시키는 기반으로, 많은 지방자치단체와 중소도시에서 그 가능성을 보여주고 있다. 특히 지자체들이 열고 있는 문화축제를 글로벌 지식허브로 강화하는 일이 중요하다. 글로벌 지식허브는 다음을 담고 있어야 한다(한국미래학연구원, 2017: 21-23).

첫째, 축제와 병행하여 축제 관련 노하우 및 글로벌 지식에 관한 국제학술발표회와 연구발표회를 갖는다.

둘째, 우리 초·중·고교 학생들과 대학생들에게 이들 발표에 관한 워크숍 및 토론의 장을 마련하여 새로운 지식이 우리 청소년들에게 흡입되도록 한다.

셋째, 발표된 지식을 지식 DB로 구축해나가면서 다시 세계 각국과 각 지역으로 전이하는 지식통로를 만든다.

지금부터 새로운 지식을 국내로 흡입하고 이를 다시 국외로 전이하는 '지식 디아스포라 패러다임'을 창조해야 한다. 특히 우리 지자체와 중소도시의 다양한 문화축제를 글로벌화하고 학술·연구·체험 발표회 등을 역동적으로 연계하면 우수한 지식 디아스포라 패러다임이 만들어질 수 있다. 이 과정을 거쳐 지자체와 중소도시가 글로벌 지식허브를 구축하면, 자연스레 지역의 대학과 기업도 분야별로 지식허브를 구축하게 되어 글로벌 지식 네트워크의 토대가 마련된다.

라. '글로벌 한국인 디아스포라 패러다임'을 창조하자

국내외 한국인 모두는 디아스포라가 되어야 한다. 한국인은 스스로 '글로벌 한국인 디아스포라 패러다임'을 창조할 수 있는 충분한 저력이 있다. 우리는 181개국에 약 708만 명이 흩어져 사는 세계에서 가장 이산성이 강한 국민이다. 또 세계에서 대학진학률(72.8%, 2023)이 가장 높은 나라, 세계에서 OECD 국가로 유학생을 많이 보내는 나라(매년 5위 이내), 디지털 폭풍을 가장 먼저 경험한 나라, 세계에서 문맹률(0%)이 가장 낮은 나라이다. 우리가 이러한 수월성을 가지고 있으면서도 모방에 치우치면 우리 자신을 잃어버릴는지도 모른다. 우리의 수월성을 기반으로 지금부터 '글로벌 한국인 디아스포라 패러다임'을 스스로 창조해야 한다(한국미래학연구원, 2017: 25-28).

(1) 한국인 디아스포라 패러다임 ①: 지식 씨앗

한국인은 지식 씨앗을 들고 지구촌에 흩어졌다가 다시 모이고, 또다시 흩어지는 '지식 디아스포라'가 되어야 한다. 지식을 창조하지 않고 모방에 치우치면 우리의 미래는 불확실해진다. 모방이 아니라 스스로 지식을 창조하는 데 전념해야 하며, 대학과 기업은 지식허브로 전환하여 지식 창출과 구축의 전초기지가 되어야 한다.

지금 많은 지자체와 중소도시에서 다양한 국제 문화축제가 열리고 있다. 이를 지식허브화 하면 '지식 디아스포라'의 탄생이 충분히 가능하다. 중요한 것은 주체적으로 실행할 수 있는, 지속가능한 문화축제를 선택하여 집중하는 일이다.

(2) 한국인 디아스포라 패러다임 ②: 창조적 문화 씨앗

한류(韓流)는 아직까지 우리 전통문화의 심오한 정신세계를 충분히 담아냈다고 할 수 없다. 백남준의 첨단예술이 지금까지도 세계인의 높은 관심을 끌고 있는 것은 우리의 심오한 정신세계를 잘 담아냈기 때문이다. 단순한 즐거움이나 시간 소비형 문화는 길게 가지 못한다. 지금 펼쳐지고 있는 한류의 내용이 새로운 정신세계로 향하는 신비로움을 꿈꾸게 하여, 단순한 즐거움이나 시간 소비형 문화에서 벗어나 창조적 문화로 자리잡을 때 한류는 글로벌화되었다고 할 수 있다.

'창조적 한류'를 만들기 위해서는 전국 각 지역의 신비로운 전설, 우리민족의 신비의 세계, 단군사상, 용비어천가, 팔만대장경 등 우리의 전통문화에 대한 깊이 있는 연구가 활발히 이루어져야 한다. 그리고 이를 글로벌화하는 지혜가 발휘되어야 한다. 우리는 창조적 한류를 가지고 지구촌으로 흩어졌다가 다시 모이고, 또다시 흩어지는 '창조적 문화 씨앗'이 되어야 한다.

(3) 한국인 디아스포라 패러다임 ③: 활력을 불어넣는 꿈의 씨앗

한국인은 드림 소사이어티 속에서 꿈의 씨앗을 들고 지구촌을 넘나들어야 한다. 꿈은 아름다운 것이다. 꿈이 있는 사람은 행복한 사람이다. 그래서 사람들은 간접 체험활동을 통해 꿈을 실현할 때 희열을 느낀다. 바로 이러한 '꿈의 상품'을 창조해야 한다.

한국인은 자기존중욕구와 자아실현욕구가 강한 국민이다. 우리는 이들 욕구를 충족시켜주는 꿈의 상품을 만들어 지구촌을 향해야 한다. 우리의 한류는 꿈과 상상력을 기반으로 인간의 자기존중욕구와 자아실현욕구를 충족시켜주는 문화상품을 만들어 꿈의 씨앗을 지구촌 곳곳에 뿌려야 한다.

(4) 한국인 디아스포라 패러다임 ④: 동서양 결합 씨앗

한국인 디아스포라는 지구촌에 다양한 씨앗을 뿌려 동서양을 결합하는 중차대한 일을 하고 있다. 일본은 1970년대부터 수출품으로 자국을 세계에 알렸으나, 이와 달리 우리는 정신적인 것을 알리는 데 주력하였다. 1970년대부터 정신운동을 다루는 태권도가 세계로 진출하여 2023년 기준 212개국의 회원국을 보유하고 있다(2023, 세계태권도연맹). 곧이어 새마을운동이 전 세계로 확산되기 시작하여 2022년 기준 148개국에 보급되었고(2022, 새마을운동중앙회), 다음으로 산업화 모델이 말레이시아 등지로 수출되었다. 이어 김덕수의 사물놀이가 전 세계로 확산하면서 한국의 전통문화를 알리기 시작하였고, 이와 함께 세계를 놀라게 한 백남준의 첨단예술이 한국인의 혼을 알리기 시작하였다. 이와 같은 일들은 한국의 정신세계를 세계에 알리는 동시에 동양의 정신세계를 알리는 전도사 역할을 한 것이라 할 수 있다. 백남준은 바로 동서양을 결합한 한국인 디아스포라였던 것이다. 이러한 일들이 밑받침되어 오늘날 우리 젊은이들의 한류가 세계를 휩쓸고 있는 것이다.

한국인의 전통문화에 미국인의 실용문화를 융합해보자. 한국인의 선비정신에 영국인의 신사정신을 결합해보자. 한국인의 멋을 프랑스인의 예술성과 결합해보자. 이러한 정신적 융합을 중심으로 상품을 만들어보자. 또한 동양의 정신문명과 서양의 물질문명을 융합하는 새로운 한류를 창조해보자. 한국인 디아스포라는 동서양을 결합하는 다양한 씨앗을 들고 세계를 누빌 것이다.

이와 같은 '글로벌 한국인 디아스포라 패러다임'을 이미 우리 스스로 창조하고 있으며, 그 실질적인 활동들이 부각되고 있다. 2030 지식사회 속에서 우리는 유능한 지식근로자로서 '글로벌 한국인 디아스포라'가 되어, 지식 씨앗, 창조적 문화 씨앗, 꿈의 씨앗, 동서양 결합 씨앗을 가지고 동서양을 결합하면서 조국에 봉사하는 정체성을 창조해야 한다. 2030 지식사회는 우리가 이 일을 발전시키는 시기이다.

4. 대변혁을 이끌 국가 비전

비전이란 '조직의 기대목표에 관한 미래 청사진'을 이른다. 즉 조직이 궁극적으로 기대하는 원천 목표가 있는데 그것이 실현된 모습을 설계해놓은 것이다. 이에 비전은 조직의 궁극적 목표가 되어 이를 달성하는 것이 조직의 존재 이유가 된다. 결국 조직이 일상적으로 세우는 단·중·장기 목표를 비롯한 온갖 목표들은 궁극적으로 비전을 성취하기 위한 것이다. 이에 조직의 모든 아이디어, 역량, 에너지 및 자원은 비전의 성취에 집중된다. 그러므로 비전이 성취되면 조직 역량이 극대화되어 조직은 미래로 도약한다. 바로 비전은 '조직을 미래로 이끄는 힘 (Future Pull)'으로 작용하는 것이다(Land & Jarman, 1992: 25).

비전은 반드시 '조직을 미래로 이끄는 힘'이 되어야 한다. 그렇지 않으면 뜬구름이나 망상에 불과한 무의미한 것이다. 이를 위해 비전은 반드시 수월성, 차별성, 미래지향적 논리성, 실현가능성, 윤리성 등 5가지 속성을 갖추어야 한다('제3부 제3장의 2. 리더십'에서 '비전의 속성'을 제시함). 이 중 한 가지라도 결여되면 그것은 비전이 아니다(김길룡·박병두, 2020: 157-160).

조직의 비전이 조직의 궁극적 목표로 조직을 미래로 이끄는 힘이 되듯이, 국가의 비전은 '국가의 궁극적 목표'로 국가를 미래로 이끄는 힘이 된다. 그러므로 비전이 있는 국가의 국민은 항상 동기가 충만하여 활기차게 일하고 즐겁게 학습을 한다. 2030 대변혁을 성장의 동력으로 삼아야 할 우리는 특히 '드림 소사이어티 강국'과 '인공지능 강국'을 우선적인 국가 비전으로 세우고 그 성취에 만전을 기할 필요가 있다.

(1) 드림 소사이어티 강국

일찍이 미래학계에서는 2015년을 정보경제가 하향하는 동시에 돌봄경제는 상승하는 분기점으로 예측하였다. 이는 우리에게 정보경제에서 드림 소사이어티 중심 경제 및 돌봄경제로 전환할 것을 요구한다. 이 두 경제는 인간의 자기존중욕구와 자아실현욕구를 충족시켜주는 역할을 한다.

부존자원이 부족한 우리로서는 무엇보다 드림 소사이어티를 성공적으로 성취하여 사회구성원의 감성을 풍요롭게 하는 동시에 동서양 결합에 앞장서는 일이 중요하다. 한류와, 꿈·상상력을 자극하는 레저산업을 중심으로 드림 소사이어티 상품을 개발하고 글로벌 경쟁력을 높이는 방안을 창안해야 한다. 일시적

즐거움을 주는 상품이 아니라 자신의 꿈을 대체시켜주는 상품, 정신적 신비의 세계에서 자신의 꿈을 실험해보는 상품을 창조해내야 한다.

이를 위해 '드림 소사이어티 환경'을 구축하는 일이 시급하다. 직장의 사무실 환경을 바꾸고, 시·군·구의 문화회관 환경과 콘텐츠를 바꾸어야 한다. 특히 학교교육 방법을 학습자 참여 중심의 '창의성 교육'으로 일대 전환해야 한다. 드림 소사이어티 구축을 위한 과제를 다음과 같이 제시한다.

첫째, 이공계 교육과정 혁신에 심혈을 기울여야 한다. 이공계 학생들은 단순 기술자가 아니라 드림 소사이어티 및 돌봄경제 사회의 주력산업을 이끄는 프로페셔널이 되어야 하므로, 이들로 하여금 인문학적·예술적 소양 및 윤리적 소양을 겸비하게 하는 철저한 교육이 중요하다.

둘째, 초등교육 단계에서 꿈과 상상력을 키우는 교육을 강화하고, 중등교육에서는 자신의 꿈과 상상력을 가상현실로 바꾸어 보는 자기주도 학습활동을 강화해야 한다.

셋째, 드림 소사이어티 구축을 위해서는 인문학을 부활해야 한다. 이를 위해 인문학과 예술을 연구하는 국비유학생을 해외에 많이 보내고, 대학의 인문학과 예술 분야에 획기적인 지원을 해야 한다.

넷째, 지금 지자체가 개최하는 많은 문화축제들이 국제축제로 전환하고 있다. 이 축제들이 일회용 이벤트가 되어서는 안 된다. 지식허브가 충분히 구축될 수 있도록 주체적으로 실행할 수 있는, 지속가능한 문화축제를 선택하여 집중하는 데 힘을 모아야 한다.

(2) 인공지능 강국

2025년에 정착되기 시작하는 인공지능사회는 '인공지능 소프트웨어, 인공지능 신소재, 인공지능 인프라로 구성된 인간의 삶의 환경'을 이른다. 인공지능사회는 드림 소사이어티와 돌봄경제사회를 떠받치는 기반이다.

인공지능은 인간의 학습능력과 추론능력, 지각능력, 자연언어의 이해능력 등을 컴퓨터 프로그램으로 실현한 기술이다. 우리는 인공지능 환경 속에서 살게 된다. 가사 로봇이 가정살림을 돌보고, 독거노인은 애완용 로봇으로 외로움을 달랜다. 개개인에게는 학습도구가 되어 자기주도 학습을 촉진하고, 건강을 체크하여 적절한 처방을 내려주기도 한다. 인공지능사회가 주는 안락을 누리기 위해서는 인공지능 인프라를 업그레이드하는 부단한 노력이 따라야 한다. 특히 기업은 인공지능 인프라를 부단히 업그레이드해야 생존이 가능하기에 이에 전념하지 않을 수 없다. 그러므로 초등교육 단계부터 대학원에 이르기까지 인공지능 교육과정을 단계별로 체계화하여 인공지능 전문인력 양성에 혼신의 힘을 쏟아야 한다.

우리는 인공지능 로봇 개발에서 미국과 일본에 뒤져 있으나 우리만의 선진 IT기술과 우수한 기능(국제기능올림픽에서 항상 1위) 및 전통문화 속 정신적 인프라를 잘 융합하면 미국과 일본을 추월할 수 있을 것이다. 앞으로는 AI7이 G7보다 훨씬 강력한 힘을 갖게 된다. 인공지능사회의 전개는 예측 불가능할 정도의 효율성을 가져오기 때문이다. G7이 산업사회의 상징이라면, AI7은 인공지능사회의 상징이다. 2025년부터는 인공지능 강국이 세계를 주도할 것으로 보인다.

앞으로 펼쳐지는 인공지능사회는 우리 기업의 서열이나 규모를 획기적으로 바꾸어놓을 것이다. 특히 대기업의 인공지능 인프라 구축은 생존의 문제이기에 이에 전념하지 않을 수 없다. 이를 밑받침하는 인공지능개발 연구소를 많이 설립하고 인공지능 전문인력을 많이 양성해야 한다.

제2장 우리사회의 변화를 이끌 2가지 키워드

우리사회의 변화를 이끌 2가지 키워드를 가지고 대변혁을 헤쳐나가야 한다. 2가지 키워드는 '영혼'과 '인공지능'이다. 인간의 육체노동은 물론 정신노동마저 대체하는 인공지능사회는 '솔 매니지먼트(영혼이 있는 경영)'를 요구한다. 인공지능을 기반으로 효율성을 극대화하는 솔 매니지먼트는 인간학적 가치를 최고의 가치로 구현하고자 한다.

1. 영혼

명상이나 정신적 깨우치기를 하면 진실성·순발력·돌파력 등 영성의 거대한 힘이 발현된다. 이 힘이 영혼이다. 산업화와 디지털이 가려버린 영혼을 찾아내야 한다. 우리에게는 인공지능사회와 돌봄경제사회를 정착시키고 글로벌 시민사회와 드림 소사이어티를 성숙시킬 영혼이 필요하다.

인간은 하나의 소우주이다. 인간의 두뇌 속에는 삼라만상이 존재한다. 인간은 각자 가지고 있는 초자연적 정신세계인 '영성(靈性: spirituality)'의 발현을 통해 영혼을 불러일으킨다. '솔 매니지먼트(Soul Management: 영혼이 있는 경영)'란 '영성의 발현을 통해 영성의 거대한 힘(영혼)을 불러일으키고 이 영혼이 일에 전이되어 고부가가치를 창출하는 것'을 이른다.

영성은 명상, 체험, 깨우치기 등 영성수련에 의한 성찰과 깨달음을 통해 순발력과 기동성을 발휘하고, 지혜를 통해 고차원의 창의성으로 승화한다. 이러한 영성은 위기 상황, 비전을 향한 열망, 목표를 성취하고자 하는 욕구의 분출 등에 의해 행동화된다. 영성이 행동화될 때 우리는 영성의 거대한 힘, 즉 영혼을 깨닫는다. 바로 '솔 매니지먼트'는 대변혁을 이끌 신패러다임이다. 반도체와 자동차를 비롯한 수출품으로부터 한류에 이르기까지 여기에는 반드시 한국인의 혼이 들어 있어야 생명력을 갖는다. '영혼이 있는 경영'을 통해 투명사회를 만들고 고부가가치를 창출하여 국가경쟁력을 높여야 한다(한국미래학연구원, 2017: 36-38).

가. 영혼의 표출

영혼은 영성수련을 통해 표출된다. 영성수련은 명상수련, 체험수련, 자신의 생애설계, 미래 워크숍, 정신적 깨우치기 등 다양한 방법에 의해 행해진다. 영성수련에 의해 표출된 진실성, 순발력, 창의력 등은 업무에 전이되어 시너지효과를 낳는다. 바로 이것이 솔 매니지먼트이다. 영혼(靈魂: soul)은 사전적으로 "육체에 깃들어 마음의 작용을 맡고 생명을 부여한다고 여겨지는 비물질적 실체"로 정의된다. 영성수련을 통해 표출되는 진실성, 목표 지향성, 순발력, 돌파력 및 창의력 등 영성의 거대한 힘이 영혼이며, 이는 업무에 전이되어 시너지효과를 낳는다(Aburdene, 2007). 여기서는 패트리셔 애버딘(Patricia Aburdene)이 그의 저서 '메가트렌드 2010(Megatrends 2010, 2007)'에서 제시한 '영성경영(Spirituality Management)'을 '솔 매니지먼트(Soul Management)'로 부르기로 한다(한국미래학연구원, 2017: 38).

영혼은 영성수련을 통해 표출된다. 그러므로 '영성수련'은 하나의 조직문화로 정착되어야 한다. 영성수련 방법으로 명상수련, 체험수련, 봉사활동 중심 수련, 자아실현 중심 수련, 미래 워크숍 및 정신적 깨우치기 등이 있다(하인호, 2008: 134-148).

(1) 명상수련

명상(冥想)은 종교적 수행의 하나로, 마음을 자연스럽게 안으로 몰입시켜 내면의 자아를 확립하기 위해 정신집중을 하는 행위이다. 모든 생각과 의식의 기초는 고요한 내면의식이며, 명상을 통해 자연스럽게 순수한 내면의식으로 몰입하게 된다. 힌두교, 불교, 도교 등 동양종교에서 주로 사용한 수행법이다.

명상을 통해 '나'라고 하는 자신을 극복하여 완전한 평화와 무위의 상태에 도달하는 정신능력이 길러진다. 또한 명상은 미숙한 자아를 성숙시키고, 변화의 두려움에서 자신을 해방시킨다. 애버딘은 '명상수련을 통한 솔 매니지먼트'를 최초로 제시하였다. 미국의 기업에서 사원의 특성에 따라 명상, 요가, 가톨릭의 묵상, 기독교식 기도, 이슬람교식 기도 등의 수련을 거치게 한 후 업무를 수행한 결과 높은 효율성을 올렸다는 것이다. 우리사회에서도 솔 매니지먼트를 위한 명상수련법이 산업분야나 업무유형 등에 따라 다양하게 개발되어야 한다. 명상수련은 한 가지 초점에 마음을 집중시켜 무심으로 돌아가, 잡념과 마음의 갈등으로 억눌렸던 영성의 진실성과 초자연적 힘을 발현함으로써 업무의 효율성을 높이는 새로운 경영 노하우로 각광받을 것으로 기대된다.

(2) 체험수련

영성 발현을 위한 수련은 명상수련에만 국한되는 것이 아니다. 외부의 어떤 자극이나 행위에 따른 깨달음을 통해서도 영성은 발현된다. 많은 기업에서 연초에 신입사원을 대상으로 극기훈련을 하는 것도 영성 발현을 위한 하나의 체험수련이다. 체험수련도 명상수련 못지않게 영성을 발현시켜 정신적으로 깨어나게 한다. 솔 매니지먼트를 위해 기업교육 시스템을 획기적으로 바꾸어야 한다. 이론중심의 교육이나 자료중심의 교육은 온라인 자율학습이나 워크숍으로 대체하고, 대부분의 교육을 체험수련으로 전환할 필요가 있다.

영성은 미칠 정도로 즐겁게 체험활동에 몰입할 때 발현된다. 그러므로 사원들의 선호도가 높은 체험활동을 중심으로 체험수련 프로그램을 개발하는 일이 중요하다. 또한 체험수련 프로그램은 업무효율성을 높이는 데 절대적으로 기여해야 하므로, 업무 전문성을 중심으로 체험수련 프로그램을 개발하는 일이 중요하다.

단순한 걷기 하나에도 영성 발현을 비롯한 다양한 체험 성과가 나타난다. 홀로 걷는 동안 사색의 과정을 거치게 되고, 사색의 과정은 뇌의 작동을 불러온다. 걷는 가운데 자신의 생활을 되돌아보고, 자신을 둘러싼 사람들을 생각하며, 삶의 지향점을 재설정하는 등 깊은 성찰의 과정을 거치기도 한다. 또한 걷기를 통해 마음이 정화되며 무심(無心)과 공심(空心)으로 돌아가, 복잡한 문제들을 쉽게 해결할 수 있는 단순한 사고의 틀이 만들어진다.

등산을 규칙적으로 하면 자연으로부터 많은 것을 깨우치게 된다. 자연에는 자연의 이치가 흐르고 있어 자연을 감상하면 자연의 순리를 읽는 힘이 길러진다. 자연의 순리를 읽는 사람은 자연의 순리에 따라 자신을 성찰하고(자기 성찰), 다른 사람의 마음을 읽고(감정이입) 또 변화의 순리도 읽는다. 이런 사람은 미래를 읽고 통찰력을 발휘할 수 있다(김길롱·박병두, 2020: 54-55).

(3) 봉사활동 중심 수련

봉사활동이란 '인간의 내면에 잠재해 있는 진실성을 표출하는 일'이다. 봉사활동을 하면서 갖는 보람은 자신의 정신세계를 풍요롭게 한다. 봉사활동을 통해 정신적으로 깨어나는 것이다. 결국 봉사활동은 자신의 진실성을 표출시키면서 이기심을 없애는 위대한 작업이라 할 수 있다.

(4) 자아실현 중심 수련

'자기 성장을 통한 자아실현'은 모든 직장인의 꿈이다. '언제 제2 인생을 출발하고 어떤 일을 할 것인가'에 대한 직장인들의 관심이 높다. 이런 생각을 할 수 있는 사원은 회사 일에도 충실하다. 그러나 자신의 미래를 생각할 수 없는 사원은 불안한 정서를 가지고 불안한 상태로 근무하기에 적극적인 업무수행이 어렵다.

① '자기성장 계획서'를 만들자

사원들이 자기성장 계획서를 만들어 발표하고 동료들로부터 자문을 받는 일은 사기 진작에 중요하다.

② 자기성장 계획서를 부단히 강화하자

직장 동료의 도움을 받거나 외부 자원인사와의 네트워킹을 통해 자기성장 계획서를 부단히 업그레이드하고 강화해나가자.

③ '미래 워크숍'을 운영하자

사내에 '미래 세미나실'을 설치하여 사원들의 자기성장 계획서 만들기를 도와주자. 이곳에서 이루어지는 발표회, 토론회, 세미나 및 워크숍 등을 사원들의 자기성장 계획서 만들기와 역동적으로 연계하면 효과적이다. 이와 함께 사원들의 '미래 지향성'은 개인은 물론 회사의 미래를 결정하는 요소이므로, 미래 워크숍을 통해 이들에게 미래 통찰력과 예측능력을 길러주는 일도 대단히 중요하다. 이때 주제별 학습팀을 구성하여 '소단위 워크숍'[1]을 실시하면 다양한 '솔 매니지먼트'가 이루어지는 성과를 거둘 수 있다.

(5) 정신적 깨우치기

영성의 발현은 곧 정신적으로 깨어나는 것이다. 정신적으로 깨어나는 방법은 우리 주변에서 쉽게 찾아볼 수 있다. 아침 일찍 일어나면 그만큼 더 정신적으로 깨어날 수 있고, 정신적으로 깨어있는 시간에 과업에 집중할 수 있다. 새벽기도는 정신적으로 깨어나는 방법으로 많은 사람들이 선호하고 있다. 새벽기도를 위해 아침 일찍 교회나 사찰로 가는 사람들은 깨어나 있는 사람들이다. 그래서 새벽기도를 잘 이끄는 성직자는 훌륭한 성직자로 존경을 받는다. 많은 사람들을 깨우쳐 영성을 발현할 수 있도록 이끌어주기 때문이다.

일기쓰기는 예나 지금이나 정신적으로 깨어나는 방법으로 많

---

1) '워크숍(workshop)'이란 어떤 문제의 해결을 위해 대집단을 몇 개의 소집단으로 나누어 각 소집단에 하위목표를 주고, 소집단별로 분담한 하위목표 성취를 위한 공동작업(팀 활동)을 하여 분명한 성과를 낸 후, 각 소집단의 성과들을 조합하여 전체목표를 성취함으로써 해당 문제를 해결하는 일이다. 이렇듯 워크숍은 '소집단학습원리'에 기초하여 참여자들의 팀 활동을 매우 활성화한다(김길룡, 2017: 146-147).

이 사용된다. 역사적 인물들은 대부분 일기쓰기에 충실했다. 우리는 이들의 일기 속에서 많은 깨우침을 얻고 이들의 정신과 교감한다.

감사하는 마음도 자신을 깨우치게 한다. 감사하는 마음을 갖지 못하는 사람은 정신적인 잠에서 깨어나지 못한 사람이다. 감사하는 마음은 풍부한 정신력에서 나온다. 조그마한 자신의 성공이나 다른 사람의 도움에 대해 감사하게 생각하는 사람은 항상 깨어있는 사람이다.

이렇듯 정신적으로 깨우치는 방법을 다양하게 찾아볼 수 있다. 자기 나름의 방법을 세워 실천하면 항상 영성을 발현하는 보람찬 삶을 살아갈 수 있다.

명상, 체험, 봉사활동, 미래 워크숍 및 정신적 깨우치기 등 다양한 영성수련을 통해 발현된 영혼은 진실성·목표 지향성·미래 지향성·순발력·돌파력·창의력 등으로 나타나, 자연스레 기획과정, 개발과정, 제조활동 및 영업활동 등 업무활동에 침투하여 고부가가치를 창출하게 된다. 곧 영혼은 투명성 확보, 비전 성취, 최선의 마스터플랜 완성, 신상품 개발, 6시그마 품질의 제조활동 및 탁월한 영업활동 등을 촉진하여 시너지를 낳는다. 이와 같이 영혼은 업무활동에 전이하여 고부가가치를 창출할 뿐 아니라 우리가 살아가는 사회를 진실성 중심의 투명사회로 만들어간다.

나. 자기 솔 매니지먼트

마음이 움직여야 어떤 일을 할 수 있다. 영성이 발현되면 '자유로운 마음작용'이 생겨 활기찬 동기가 유발된다. 바로 자유로운 마음작용에서 발현된 영혼이 행동과 업무활동을 밀착시키기 때문이다. 그러므로 영혼을 불러일으키는 사람은 개인능력을 극대화하며 신명나게 일을 하여 시너지를 낳는다.

영성수련을 쌓아 정신적으로 깨어나면, 법도와 진리에 따르는 그리고 정성이 따르는 '자유로운 마음작용'을 하여 바람직한 태도와 행동을 지향하게 된다. 지금 열리는 돌봄경제사회와 드림 소사이어티는 우리로 하여금 자유로운 마음작용을 즐기면서 '자기 솔 매니지먼트'에 충실할 것을 요구한다. 2030 일터의 구성원은 '자율적 실행주체'로서, 자기 솔 매니지먼트를 통해 개인능력을 극대화하며 순발력과 창의력을 발휘해야 한다.

'자기 솔 매니지먼트'는 다음과 같은 의의를 갖는다(한국미래학연구원, 2017: 47-49).

· 자기 솔 매니지먼트는 재택근무를 활성화한다.

· 자기 솔 매니지먼트를 하는 사람은 자신이 하고 싶은 일을 신명나게 하는 사람이어서 집중근무제를 활성화한다.

· 재택·자율·선택 근무제를 채택하는 직장은 자기 솔 매니지먼트를 선호하는 직업인을 유인하는 일터가 된다.

· 인공지능사회는 '소형화'를 불러와 2030년경에는 '1인 1기업인 시대'가 열릴 전망이다(김길룡·박병두, 2021: 47-48). 1인 1기업인 시대는 개개인으로 하여금 자기 솔 매니지먼트에 충실할 것을 요구한다. 각자는 1인 1기업인의 정신으로 일을 해야 한다. 1인 1기업인 시대에서는 오직 자기 자신과의 부단한 싸움이 있을 뿐이다. 바로 이 시대는 자기 솔 매니지먼트를 통한 자기승리를 요구한다.

· 자기 솔 매니지먼트는 개인능력 극대화를 불러온다. 영성수련을 기반으로 자기 솔 매니지먼트를 하면 개인능력을 최대로 발휘하는 사람이 되어 항상 보람찬 삶을 살게 된다.

2. 인공지능 환경

2025년은 인공지능사회가 정착되기 시작하는 시기이다. 이는 인공지능 소프트웨어와 인공지능 로봇이 인간의 일을 대신하고, 이러한 일들이 삶의 대부분을 차지하는 시대가 열림을 의미한다. 인공지능 소프트웨어는 부분적으로 인간이 해온 육체적 노동을 대체하고, 다음으로는 조직구성원의 업무활동을 조언·평가·지도하는 정신적 노동을 대체한다. 여기에 인공지능 로봇의 실용화로 인공지능사회가 정착되는 2025년경에는 로봇과 사람이 팀원이 되어 업무를 수행할 것으로 예상된다.

인공지능사회가 정착되는 시기에는 기존 인력의 5%만이 일터에 남아있을 것으로 추정한다. 서류를 다루는 사무실 근무인력이 가장 먼저 퇴출 대상이 되고, 다음으로 학교와 교원이 위기를 맞게 될 것으로 보인다. 전통 전문직과 관리직은 물론 프리랜서까지도 돌봄경제 시대와 드림 소사이어티에 알맞은 인력으로 탈바꿈하지 않으면 안 된다.

인공지능사회는 '자기 솔 매니지먼트'를 잘 실천하면 한 사람이 여러 사람 몫의 일을 할 수 있는 시대이다. 자기 솔 매니지먼트를 실천하는 누구나 남녀노소를 불문하고 돌봄경제사회와 드림 소사이어티의 주요 인력으로 참여할 수 있을 것이다. 기존의 산업화 인력, 정보화 인력, 기능·기술 인력, 육체근로자 등은 다음과 같은 인력으로 전환할 것이 요구된다(한국미래학연구원, 2017: 51-55).

· 인공지능 돌봄 전문인력: 인공지능사회가 정착될수록 인공지능 신소재, 인공지능 소프트웨어 및 인공지능 인프라의 유지관리와 개량을 담당하는 인력이 필요하다.

· 솔 매니지먼트 전문인력: 솔 매니지먼트는 진실성·순발력·돌파력·창의력 등 영성의 거대한 힘을 기반으로 영혼이 있는 경영을 함으로써 고효율을 낳는다. 이에 '솔 매니지먼트 전

문인력'이 기업 내에서 확고히 자리잡을 것으로 예상되는데, 이들 인력으로 명상 및 요가 전문컨설턴트, 생애설계 전문컨설턴트, 미래예측 전문컨설턴트, 정신적 깨우치기 전문컨설턴트, 독서 전문컨설턴트 등을 들 수 있다.

· 돌봄경제 전문인력: 인공지능사회의 정착은 지식·정보 인력을 돌봄경제 인력으로 바꾸고, 나아가 직업활동의 내용을 돌봄 중심으로 전환한다. 돌봄경제 전문인력은 사람과 사람의 직접적인 접촉에 의한 직업활동을 하는 사람으로, 인공지능사회에서는 이들의 직업활동에 높은 가치를 부여한다. 이러한 직업활동은 사람만이 할 수 있다. 여기에는 물론 노약자나 지체 및 지적장애인 돌봄활동 등이 포함된다. 그러나 여기서 그치지 않고 전통 전문직인 법조인, 교원, 의사까지도 직업활동의 내용을 돌봄 중심으로 전환할 것을 요구한다.

· 드림 소사이어티 전문인력: 꿈·이야기·상상력 등 감성적 요소가 중요하게 부각되는 드림 소사이어티에서는 인간의 자기존중욕구와 자아실현욕구의 충족이 행복의 조건이 된다. 이에 꿈과 상상력을 자극하여 이들 욕구를 충족시켜주는 이야기·문화·영화·예술·게임·오락·레저 산업 등에 필요한 전문인력이 크게 부상한다.

· 인공지능사회의 신노동력은 영성수련을 체화하는 일, 다양한 현장체험을 하는 일, 여러 분야에 근무하는 많은 사람들을

만나는 일, 많은 곳을 여행하여 다양한 경험을 쌓는 일, 책을 많이 읽는 일 등을 일상화해야 한다. 이는 돌봄경제사회와 드림소사이어티 속의 삶을 풍요롭게 할 뿐 아니라 새로운 일자리를 마련하는 원천이 된다. 직업에 연연치 말고 새로운 가치를 창출하는 일을 지속하면 자신의 일자리가 나타난다.

・인공지능사회의 신노동력은 담당분야의 전문지식 외에 풍부한 인문학적・사회과학적 소양을 겸비해야 하므로, 평생학습체제 속에서 이를 위한 충실한 학습을 해나가야 한다. 또한 이들은 일과 학습이 밀착되는 '학습조직' 속에서 업무를 수행하여 일하는 시간보다 학습하는 시간이 오히려 많아질 것이기에, 학습의 기초역량인 '기본학습능력'을 쌓는 데도 열심이어야 한다.

・인공지능사회의 신노동력은 영성수련을 충실히 해나가야 한다. 인공지능사회 속의 업무는 대부분 지식근로이므로, 영성의 발현을 통한 진실성과 창의력을 기반으로 업무를 수행해나가지 않으면 안 된다. 조직구성원의 업무활동이 조직의 투명성에 피해를 주거나 환경 친화적이지 않으면 조직에 큰 손실을 안겨준다.

・인공지능사회는 '포트폴리오(portfolio) 중심 인재'를 요구한다. 인공지능사회는 기존의 직업교육체제를 혁신하여 오늘과 같은 제도권 교육은 대대적인 개편작업을 맞이하게 된다. 대부분의 학생들은 기존 졸업장의 틀을 벗어나 자신의 포트폴리오를

만들어 자신의 삶을 엮어가면서 인생을 열어간다. 포트폴리오의 내용은 '진실성'이 가장 기본적인 토대가 된다. 포트폴리오는 자신의 생활모습과 역량이 담겨 있는 자아실현을 위한 자산이며, 자신이 개척하고 있는 삶을 나타내주는 거울과 같다. 바로 포트폴리오의 내용이 상급학교 입학을 결정하고, 취업, 사회 진출, 정치활동에 이르기까지 자신의 꿈을 실현하는 기본수단이 된다.

제3장 우리의 삶이 이렇게 펼쳐진다

여기서는 먼저 2030 대변혁에 효율적으로 대응하기 위해 시급히 해결해야 할 사회 난맥상을 성찰하고 그 대안을 탐색한다. 다음으로 앞 제1·2장의 내용을 고찰하여 2030 한국에 펼쳐질 변화를 12가지로 집약하고 또 대변혁이 몰고 올 변화를 분야별로 전망한 후, 그 대안을 모색한다. 이들 변화는 2030 한국사회의 특성으로 자리잡아 우리사회의 21세기 전반기를 이끌고 갈 전망이다. 이상을 통해 2030 한국에 대한 안목을 키운다.

1. 난맥상

지금 펼쳐지고 있는 대변혁에 효율적으로 대응하기 위해서는 먼저 우리사회의 발전을 가로막는 난맥상을 제거하는 일이 선행되어야 한다. 난맥상으로 고령화의 역기능만을 바라보며 고령화를 시한폭탄으로 바라보고 있다는 점, 교육 과부하에서 오는 근본적인 문제는 해결하지 않고 대학입시제도만 가지고 허송세월하고 있다는 점, 정치권을 비롯한 대부분의 사회조직체들이 미래 시나리오 없이 무조건 서두르고 있다는 점 등을 들 수 있다. 이것들을 슬기롭게 해결해야 밝은 미래를 맞이할 수 있다. 여기서는 고령화와 교육 과부하를 중점적으로 논의한다.

(1) 고령화

인구 고령화는 '65세 이상 인구가 총 인구에서 차지하는 비율이 높아지는 것'을 말한다. 유엔은 고령인구 비율이 7%가 넘으면 고령화사회, 14%가 넘으면 고령사회, 20%가 넘으면 초고령사회로 분류한다. 우리나라는 1999년에 65세 이상 인구가 차지하는 비율이 7%를 넘겨 '고령화사회'가 되었고, 2017년에는 14%를 넘어서 '고령사회'가 되었다. 불과 18년 만에 고령화사회에서 고령사회가 된 것이다. 이처럼 우리나라 인구 고령화는 세계에서 유례를 찾아볼 수 없을 정도로 빠르게 진행되고 있다.

우리나라는 전체 인구의 20%가 노인이 되는 초고령사회 진입을 눈앞에 두고 있다. 통계청의 '2023년 고령자 통계'에 의하면, 2023년 기준 65세 이상 고령인구는 950만 명으로 전체 인구의 18.4%를 차지하는 것으로 나타났다. 2025년에는 20.6%에 달해 '초고령사회'로 진입하고, 2030년에는 1,306만 명으로 25.5%

에 달할 것으로 보고 있다. 이러한 추세가 지속될 경우 2050년에는 40%를 넘어서고, 2060년에는 절반에 가까운 인구(43.8%)가 고령자로 구성되는 사회가 탄생할 전망이다.

2030년은 '중간 미래'로 미래예측이 가능하고 그 대비책이 실효를 거둘 수 있는 시기이므로, 2030년 인구 고령화에 대비한 준비를 지금 바로 시작하지 않을 수 없다.

긍정적인 시각에서 보면, 고령화는 돌봄경제 인력의 증가, 고령자를 위한 신기술 개발에 따른 '생산적인 고령자' 증가, 고령자의 풍부한 체험에 따른 다양한 체험산업의 대두 등의 효과가 있다. 또한 실버산업의 번창은 축소되는 아동위주 산업의 틈을 메워주어 사회의 균형을 유지해 줄 것으로 기대된다. 이 같은 긍정적 측면에 초점을 두어 고령화 문제에 접근해야 내실 있는 사회발전을 도모할 수 있을 것이다. 고령화의 긍정적 측면을 몇 가지 살펴보자.

2030 일터에서는 고령층은 청년층에게 축적된 노하우·경륜·통찰력·지혜 등 자신의 지적자산을 전수하고, 청년층은 고령층에게 정보활용능력을 전수하는 역동적인 '쌍방향 도제-마스터 관계'가 형성될 전망이다(Sveiby, 1997: 42-44). '지식근로'가 주가 되는 지식사회에서는 정보활동, 즉 정보의 수집·분석·가공활동이 기본적인 업무활동이 되기 때문이다. 이렇듯 2030 일터에서는 청년인력과 고령인력 간의 유기적 상호보완을 통해

세대 통합의 시너지효과가 나타나게 된다.

이와 함께 2030 일터에서는 풍부한 경험과 유연한 판단력을 가진 60대 고령층이 기업이 선호하는 핵심인력으로 부각할 가능성이 크다. 이들은 건강을 잘 유지하고 있고 경제력이 있으며 컴퓨터 기능에도 능숙하여 생산활동에 참여하는 새로운 고령층으로 탄생할 것이기 때문이다. 사회적으로도 이들은 보호의 대상이 아니라 사회개혁을 요구하는 참여세대로 전환하게 된다. 이러한 추세 속에서 2030 장·노년세대는 여성인력과 함께 우수한 지식근로 인력으로 부상한다. 2030년에는 단순화된 인공지능 소프트웨어·인공지능 신소재·인공지능 로봇이 근로환경 인프라로 구축되어 힘이 드는 육체노동은 거의 소멸한다. 바로 경륜과 섬세함이 근로의 질과 경쟁력을 결정하여 이들은 신노동력으로 부상하게 된다.

이와 같은 고령화의 긍정적 측면을 적극적으로 수용, 발전시켜 내실 있는 사회발전을 도모해야 할 것이다.

지금부터 노년층을 위한 '웰 엔딩(Well-ending) 프로그램'이 필요하며, 노후생활을 가치 있게 행복하게 그리고 아름답게 보낼 수 있는 노하우가 필요하다. 열심히 일생을 살아온 이들이 아무런 의미 없이 노후를 보내면서 소원을 풀지 못하고 생을 마감하는 일은 정말 안타까운 일이 아닐 수 없다. 지금부터 고령화 자체를 '사회적 부(富)'로 만들어가는 지혜를 발휘해야 한다.

'웰 엔딩 프로그램'이 포함해야 할 내용으로, 자신이 구축해놓은 정신적·물질적 자산을 사회에 환원하는 일, 남아있는 자신의 능력을 사회에 활용하는 일, 일생을 통해 얻은 체험들을 사회에 내놓아 사회를 기름지게 만드는 일, 건강한 몸으로 즐겁게 살면서 행복한 생활을 하는 일 등을 들 수 있다. 웰 엔딩 프로그램의 실시는 바로 '제3의 인생'을 사는 일이라 할 수 있다(김길룡·박병두, 2021: 27).

(2) 교육 과부하

글로벌 지식사회와 글로벌 시민사회, 인공지능사회 및 돌봄경제사회가 펼쳐지는 2030년에는 지금과 같은 교육은 반드시 혁신되어야 한다. 지금 교육의 맹점은 한마디로 교육이 학생에게 행복하지도 즐겁지도 않다는 것이다. 학생에게 행복한 교육이 되려면 선택 중심의 교육을 해야 한다. 특히 '공교육'을 선택 중심으로 운영하는 일이 중요하다.

2030 지식사회는 자율과 선택이 주가 되는 사회이다. 이러한 사회구조 속에서 공립학교는 교육과정 운영에서 사립학교 못지않게 선택의 기회를 보장하고, 사립학교 역시 공립학교와 같이 공익에 기여할 수 있는 교육과정을 철저히 다루어야 한다. 공립고등학교 또한 '수월성 교육'에 바탕을 둔 선택적인 '개방형 교

육과정'으로 운영해야 한다. 이러한 교육과정을 통해 학생들의 선택이 자율적으로 이루어져 행복한 교육으로 이어지게 된다. 대학입시도 고교생들의 선택적 교육의 결과를 적극적으로 수용해야 한다.

이와 함께 '교육 살리기 운동'을 일으켜야 한다. 이 운동을 통해, 즐거운 교육으로 학생의 행복을 보장하는 일, 불필요한 반복·중복학습에서 탈출하는 일, 학생들이 하고 싶은 일을 하도록 지원하는 일, 학생들의 선택을 존중하는 일, 세계 속에서 승부를 거는 도전정신을 기르는 일 등을 불러일으켜야 한다.

2. 12가지 사회변화

앞 제1·2장의 내용을 고찰하여 2030 한국에 펼쳐질 변화를 12가지로 집약한다. 아래에 제시된 12가지 사회변화는 2020년대를 거쳐 2030년경에는 완전한 사회특성으로 자리잡아 우리사회의 21세기 전반기를 이끌고 갈 전망이다.

(1) 조직체별로 역사상 초유의 구조조정이 일어난다.

인공지능사회가 도래하면서 조직체별로 역사상 초유의 구조조정이 일어날 전망이다. 이에 대해 두려움을 가지고 회피하기

보다는 돌봄경제 전문인력, 솔 매니지먼트 전문인력 및 드림 소사이어티 전문인력 등으로 전환하기 위한 철저한 준비가 필요하다.

(2) 대도시에서 소도시로, 도시에서 농촌으로 대대적인 인구이동이 일어난다.

웰빙문화 확산, 여가생활 선호, 재택근무 선호가 보편화되고 생활이 여유로워지면, 사람들은 바쁜 일상과 인스턴트식품 및 스트레스에서 벗어나 건강한 육체와 정신을 추구하는 라이프스타일을 누리고 여가생활을 즐기기 위해 도심 밖으로 이주할 것으로 예상된다. 농촌이 도시와 같이 편리한 생활을 할 수 있고 우수한 교육기관을 둔다면 인구유입을 기대해볼 수 있다. 한편 도시도 친환경을 조성하여 도시의 웰빙 기능을 높여주면 인구유출을 어느 정도 막을 수 있을 것으로 보인다.

(3) 홈스쿨링이 보편화된다.

홈스쿨링은 획일적인 공교육에 반대하여 부모가 자녀의 적성과 특성에 맞는 교육을 실시하는 '재택교육'을 이르는데, 돌봄경제사회와 인공지능사회의 산물이라 할 수 있다. 지금 실시되고 있는 다양한 대안학교 프로그램들의 성공은 홈스쿨링의 확산을 촉진하고 있다. 인공지능 교수학습 소프트웨어와 코스웨어의 부단한 개발과 업그레이드로 홈스쿨링은 안정적으로 정착될 전망이다(뒤 '3. 분야별 변화'에서 '홈스쿨링'에 대해 구체적으로 논의함).

(4) 캐어 스쿨링이 유행한다.

캐어 스쿨링은 돌봄경제 시대의 이상을 실현하는 '돌봄 스쿨링'으로 일반적인 교수학습은 인공지능 소프트웨어가 담당하고, 교사는 학생 개개인의 성장 발달을 지도하는 데 전념한다. 교사는 학생들과의 개별상담을 통해, 이들의 개별학습을 돌보고 지적·정서적·사회적 성장 발달을 돌보면서 학생들의 꿈을 만들고, 가꾸고, 발전시키는 일을 한다(뒤 '3. 분야별 변화'에서 '캐어 스쿨링'에 대해 구체적으로 논의함).

(5) 고령자가 새로운 인력으로 부각한다.

고령층이 새로운 인력으로 각광받는다. 고령층의 컴퓨터 활용능력 개선과 인공지능 인프라의 업무 지원은 이들의 생산성을 획기적으로 높여준다.

(6) 많은 기업들이 시골로 이전한다.

웰빙 중심, 친환경·친자연 중심의 생활환경을 찾아 대대적인 인구이동이 일어나면서 홈스쿨링과 캐어 스쿨링이 정착하기 시작한다. 이들 요인은 기업들의 시골 이전을 촉발한다.

(7) 주거지역별로 재택근무 사무실이 설치된다.

대대적인 인구이동, 홈스쿨링과 캐어 스쿨링의 정착과 함께 기업들의 시골 이전이 촉진되면서 주거지역별로 재택근무 사무실이 대대적으로 설치될 것으로 예상된다.

(8) 가족중심 친환경 의식주생활이 이루어진다.

인구이동, 홈스쿨링과 캐어 스쿨링의 정착, 기업들의 시골 이전 및 주거지역별 재택근무 사무실 설치 등에 따라 가족구성원 간의 정신적 유대와 친환경 의식주생활이 행복의 조건으로 자리잡는다.

(9) 돌봄경제 시대가 본격화한다.

돌봄경제 시대의 본격화는 새로운 돌봄경제 분야의 개척을 촉진할 뿐 아니라 기존 직업활동의 내용을 돌봄 중심으로 전환한다. 대부분의 직업인은 돌봄 직업능력을 키워야 한다.

(10) 젊은이들의 해외이주가 급증한다.

젊은이들은 일찍이 외국어 학습을 해왔고 또 다양한 매체를 통해 관심 있는 국가들에 대해 익히 많이 알고 있어 이들의 해외이주는 크게 증가할 전망이다. 자신의 수월성과 가능성을 실현할 수 있는 곳으로 떠나 살고 싶어 하는 젊은이들의 욕구는 계속 증가할 것이다.

(11) 꿈과 상상력을 자극하는 레저산업이 번창한다.

2020년대에 들어 우리는 생리적 욕구와 안전의 욕구가 거의 충족되어, 이 외의 상위욕구인 자기존중욕구와 자아실현욕구의 충족이 행복의 조건이 되고 있다. 이에 꿈과 상상력을 자극하여 이들 상위욕구를 충족시켜주는 레저산업이 크게 번창할 전망이다.

(12) 지식허브를 설치하여 국력을 강화한다.

지금부터 글로벌 지식허브 설치에 만전을 기해야 한다. 경쟁적으로 유치한 어떤 국제 행사나 문화축제라도 글로벌 지식허브 설치와 연계되지 않으면 시너지를 가져오기 어렵다.

3. 분야별 변화

앞으로 펼쳐질 변화는 지금은 추상적일 수밖에 없다. 그러나 2030년에 다가갈수록 그 구체적인 모습을 드러내게 된다. 2030 우리사회의 변화를 생활과 밀착된 가정, 직장, 교육을 중심으로 다음과 같이 전망한다.

가. 가정

사람과 사람의 직접적인 접촉에 의한 직업활동에 높은 가치를 부여하는 돌봄경제 시대의 도래는 산업화 및 정보화의 물결로 불안했던 우리의 가정을 안정된 궤도에 올려놓을 것이다. 한편 육아 및 교육 문제의 개선은 출산율 향상에 기여할 것으로 보이나, 독신자 수도 계속 증가할 것이기에 전체적으로 큰 폭의 출산율 증가는 나타나지 않을 것으로 보인다.

(1) 고학력 · 자율 가정

2030 우리의 가정은 세계에서 유례를 찾아볼 수 없을 정도의 고학력 가정이 된다. 여기에 여성 고유의 섬세함은 지식근로의 우수성으로 나타나고 여성의 돌봄 마인드는 돌봄경제를 이끌어, 가정 내 주부의 리더십이 강화된다. 고학력은 자율을 수반한다. 2030 고학력 가정으로부터 오는 자율의 문화는 가족구성원 간의 역할과 책임을 강조한다. 특히 부부 간의 역할과 이에 따른 책임은 행복한 가정을 이끌어가는 원동력이 된다.

여기서 2030 고학력 부부의 자녀교육관을 생각해보지 않을 수 없다. 2020년대에 '어린이 자율성중심 시대'가 열리고, 이어 2030년대에는 '어린이 자율문화'가 정착될 전망이다. 고학력 부부는 자녀의 자율성과 개성을 존중하는 방향으로 가정교육을 전환한다. 한편 고학력 부부는 그들의 부모세대가 불러온 교육 과부하 속에서 중복 · 반복학습을 계속하며 시간을 낭비한 쓰라린 경험을 크게 후회한다. 2030년이면 인생관과 성공관이 바뀐다. 자신의 개성에 따라 하고 싶은 일을 하고 해야 할 일을 하면서, 자신의 선택에 의한 꿈을 실현하는 '자아실현문화'가 자리잡는다. 이들은 자녀의 생애설계를 안내하고 지원하는 조력자 및 촉진자로서의 부모역할을 충실히 수행하는 데 전념하게 된다(한국미래학연구원, 2017: 85-86).

(2) 친환경 · 친영성 가정

2030 돌봄경제 시대와 영성중심 사회는 '친가정 문화'를 강조한다. 친가정 문화는 '친환경'을 요구한다. 지금도 일부 사람들은 친환경을 찾아 중소도시나 시골로 떠나고 있다. 이는 친가정 문화의 필요에 따른 친환경의 선택으로 볼 수 있다. 가족구성원은 자연과 벗하며 자연으로부터 많은 것을 배우고 원만한 인성을 기른다. 이 같은 가족구성원 간의 정신적 유대와 친환경 의식주생활은 사람과 사람의 직접적인 접촉에 의한 직업활동에 높은 가치를 두는 돌봄경제사회를 성숙시킨다.

친가정 문화가 확산하면서 돌봄경제 생활 및 영성중심 생활을 지향하는 친영성 가정이 대두한다. 가족구성원은 영성수련을 쌓아 영성의 발현을 통해 가족 간 정신적 유대를 강화하는 동시에 '자기 솔 매니지먼트 역량'을 키운다. 친영성 가정의 부부는 자녀에게 풍부한 체험학습 기회를 주려고 노력한다. 돌봄경제 시대에서는 인간의 자기존중욕구와 자아실현욕구의 충족이 행복의 조건이 되기 때문이다. 이와 함께 자녀가 자기 솔 매니지먼트 능력을 기반으로 스스로 자기성장 계획서를 만들고 업그레이드하며 실천해갈 수 있도록 밑받침하는 일이 기본적인 부부의 역할로 자리잡는다.

(3) 연대가족 문화

2030년대는 '연대가족 문화'가 번성하는 시기이다. 이는 혈연이나 법적으로 아무런 관계가 없는 사람들끼리 필요에 의해 연대가족을 형성하여 삶의 공동체를 만들어가는 문화이다. 기존의 이웃문화는 연대가족 문화로 승화한다. 젊은 부부는 이웃의 노부부를 친부모처럼 모시고, 노부부는 젊은 부부의 자녀를 친손주처럼 돌본다. 또한 독신자들이 나이든 세대의 가정과 연대가족을 형성하여 상호 간에 외로움을 이기는 유형이 있고, 독신자들끼리 연대가족을 형성하여 소외된 삶을 극복해나가는 유형도 있다. 연대가족은 이웃사촌이 되어 돌봄 시대를 여는 밑거름이 된다.

나. 직장

2030 직장은 '솔 매니지먼트'와 '인공지능'이 중추가 되면서 기존의 기득권 영역을 허물어뜨린다.

(1) 일터변화추세

· CEO의 리더십이 약화된다. 인공지능은 일상적인 CEO 리

더십을 대행하며 CEO가 누려온 정신적 리더십까지 대체한다.

· 현존 인력의 5%만이 핵심인력이 된다. 현존 인력 중 인문사회과학적·예술적 소양을 겸비한 기술전문직과 기술공학적 소양을 겸비한 인문사회과학적 전문직이 직장의 핵심인력으로 자리잡는다.

· 현존 인력의 95%는 신노동력으로 전환한다. 이들은 인공지능 소프트웨어·인공지능 로봇·인공지능 인프라의 유지관리와 개량을 담당하는 인공지능 돌봄 전문인력, 솔 매니지먼트 전문인력, 돌봄경제 전문인력 및 드림 소사이어티 전문인력 등으로 전환한다.

· 오프라인 활동이 강화된다. 기존의 온라인 프로그램은 오프라인 중심으로 개편된다. 특히 '미래 세미나실'을 통해 사원들의 자기성장 계획서 만들기, 미래 통찰력 기르기, 꿈과 상상력 기르기를 위한 발표회, 토론회, 세미나 및 워크숍 등이 활성화된다.

· 조직은 거의 완전한 평판조직으로 전환한다. 권위나 서류에 의지하여 기생해온 관료체제가 무너진다. 형식적 권위는 점차 사라지고, 꿈·상상력·창의성이 지배하는 조직으로 탈바꿈한다. 인공지능 소프트웨어에 의해 업무의 진행상황과 수행결과가 즉시 평가 및 피드백 되고, 팀 활동을 통해 업무의 개선방안이 제시되어 결재라인이 존재할 필요성이 없어진다.

• 오늘과 같은 노동운동은 점차 사라진다. 근무환경은 인공지능 소프트웨어와 인공지능 인프라로 구축되어 근무환경에 대한 불만을 가질 수가 없다. 또한 인공지능 모니터링 시스템에 기반한 정밀 능력평가에 따라 능력급이 제공되어 집단 임금협상의 필요성이 없어진다.

(2) 돌봄 직장환경

2030 직장 대부분은 돌봄경제 및 솔 매니지먼트 중심 직장환경으로 바뀔 전망이다. 직장인은 돌봄 직업능력과 솔 매니지먼트 능력을 키워야 한다.

• 돌봄능력 개발센터: 대부분의 직장은 사내에 돌봄능력 개발센터를 설치하여 돌봄경제 시대에 알맞은 인적자원개발을 추진할 것으로 보인다.

• 명상센터: 사내에 명상센터를 설치하거나 외부 전문 명상센터와의 네트워킹을 통해 사원의 솔 매니지먼트 역량을 개발할 것으로 보인다. 자율 명상수련은 보편적인 직장문화로 자리잡는다.

• 체험 안내센터: 사원들의 특성을 중심으로 체험 프로그램을 개발하고, 사원들이 각자의 개성에 따라 체험활동을 하도록 돕는 일이 하나의 직장문화로 자리잡는다.

· 봉사프로그램 안내센터: 봉사활동은 인간의 내면에 잠재해 있는 진실성을 표출하는 일이다. 봉사활동은 희열감을 느끼고 자부심을 갖게 한다. 사람들은 봉사활동을 하면서 영성의 번득임을 느낀다. 봉사프로그램 안내센터는 사원들로부터 각자가 하고 싶은 봉사활동을 신청 받고 사회 적소에 이를 연결하는 일을 한다. 또한 봉사체험담을 수집, 분석하여 봉사활동 지원 자료로 활용하는 일도 중요한 업무이다. 2030 일터에서 사원들은 봉사활동을 통해 정신적으로 깨어나고 자아실현에 필요한 혼을 불러일으킨다. 이를 통해 사원들의 애사심은 더욱 두터워진다.

· 생애성장계획 지원센터: 2030 일터의 구성원은 스스로의 노력으로 자아실현을 해나가야 한다. 자기 자신의 도움으로 살아가려는 의지가 강한 사원일수록 애사심이 두텁다. 사원 개인의 발전은 회사의 발전으로 직결된다. 회사가 사원의 생애성장계획을 적극 지원하고, 사원은 회사에 감사의 마음을 갖고 회사를 위해 열정적으로 일할 때 이들은 정신적으로 깨어있게 된다. 사원들을 위한 생애성장계획 지원센터를 잘 활용하면 기대 이상의 성과를 거둘 수 있다.

· 미래 세미나실: 21세기에 들어 '미래학'은 경제학과 함께 직업인의 공통 필수교양이 되었다. 경제학적 소양은 삶의 내용과 수준을 정하고, 미래학적 소양은 자신의 생애설계와 '제2 인생설계'의 기초가 된다. 사내에 필수적으로 '미래 세미나실'을 설

치하여 사원들의 미래학적 소양을 길러주어야 한다. 미국을 비롯한 선진국은 자라나는 아이들에게 '미래 통찰력'을 길러주기 위해 모든 교육단계에서 '미래학'을 교양필수로 편성하여 체계적으로 가르치고 있다. 이와 달리 우리는 유치원에서 고등학교에 이르기까지 입시공부에 매몰, 미래학의 중요성을 도외시하여 우리 청소년들은 꿈을 만들지 못하고 자라고 있다. 이렇게 되어서는 밝은 드림 소사이어티를 맞이할 수 없다.

사내에 미래 세미나실을 설치, 미래를 위한 발표와 토론, 세미나, 워크숍 및 특강 등을 활성화하여 조직문화를 미래 지향적으로 바꾸어나가야 한다. 사원이 '미래 지향성'을 갖출 때 자신에게 충실하면서도 회사를 위해 열정적으로 일하는 유능한 사원이 된다. 미래를 읽을 줄 알아야 영성의 세계로부터 진실성·순발력·창의력을 비롯한 영성의 거대한 힘, 즉 영혼을 불러일으킬 수 있다.

(3) 재택근무센터의 활성화

많은 사람들이 재택근무와 공동 사무실의 결합을 원하고 있다. 재택근무자들이 마음 맞는 사람들과 어울려 함께 일하는 지역별 작업공간이 그 한 예이다. 2030 일터에서는 다음과 같은 이유에서 지역별 재택근무센터가 활성화될 전망이다.

무엇보다 활용할 수 있는 지식은 사원 개개인의 두뇌에 '암묵지'로 저장되어 있다는 점이다. 사원들이 역동적으로 상호작용하면서 일을 하는 가운데 서로의 암묵지들을 공유, 확장 및 업그레이드하며 일에 적용하여 업무의 효율성을 극대화하게 된다(Sveiby, 1997: 45-48). 이를 위해 주거지에 인접한 쾌적한 곳에 재택근무센터를 설치할 필요가 있다. 이와 함께 2030년에 다가 갈수록 사무실 없는 '가상기업'이 증가하고, 또한 인구이동, 이상 기후, 라이프스타일의 변화 등에 따라 '유랑(流浪) 기업'이 속출한다는 점을 들 수 있다. 지역별 재택근무센터는 기존의 본사나 지사 못지않은 역할을 하여 가상기업과 유랑 기업을 안정된 궤도에 올려놓을 것으로 보인다.

(4) 여성인력의 수월성 부각

지금과 같은 한국 여성의 대학진학률이 지속되면 2030 한국의 20-30대 및 중·장년 여성은 세계 최고의 고학력 여성이 된다. 여기에 한국 여성의 탁월한 지식근로능력은 남녀 불평등의 벽을 허물어뜨릴 것이다.

2030 글로벌 지식사회에서는 대부분의 사회조직체들이 여성 고유의 섬세함과 집중력 및 우수한 지식근로능력을 매력적인 장점으로 보아, 사원모집에서 여성 선호 경향이 두드러질 것이

다. 특히 여성인력은 고유의 돌봄능력을 가지고 있어 돌봄경제사회의 주력산업을 이끄는 프로페셔널로 자리매김할 것으로 보인다. 돌봄경제사회의 주력산업은 인간의 자기존중욕구와 자아실현욕구를 충족시키는 산업일 것이기에, 이들 욕구를 충족시켜주는 이야기·문화·영화·예술·게임·오락·레저 등 분야에서 여성인력이 리더십을 발휘하게 된다.

한편 2030년은 한국 여성의 글로벌 리더십이 국내외적으로 크게 부각되는 시기이기도 하다. 한국 여성의 섬세함과 돌봄능력은 팀을 이끄는 데 적합하여 대부분의 조직체에서 여성 팀장의 수가 크게 증가하고, 젊은 글로벌 여성 기업가도 많이 탄생하게 된다. 이와 함께 한국 여성인력의 해외취업이 활성화되면서, 미국을 비롯한 선진국에서는 우수한 지식근로능력을 갖춘 한국 여성인력을 유치하기 위한 경쟁이 치열해질 것으로 보인다.

다. 교육

인공지능사회와 돌봄경제 시대의 도래는 인간학적 가치, 즉 '개개인의 행복감 증진'을 추구하는 '수월성 교육'을 진작하여 홈스쿨링과 캐어 스쿨링의 확산을 가져올 전망이다. 이는 2030 한국이 글로벌 시민사회와 돌봄경제사회를 성숙시키는 밑거름이 된다.

(1) 홈스쿨링

 원래 '교육권'은 부모의 것이었다. 홈스쿨링(Home-schooling)이란 학교와 국가에 맡겨두었던 교육권을 부모가 되찾아오는 일이라고 할 수 있다. 보다 나은 교육을 위해 부모는 교육권을 학교에 맡겼고, 국가발전을 위해 국가에 '교육감독권'도 넘겨주었다. 그러나 학교가 부모의 기대에 어긋나는 교육을 하고 또 국가의 교육감독권이 국가 발전과 학생의 성장 발달에 도움을 주지 않는다면, 교육권은 당연히 부모에게 되돌아가야 하지 않겠는가? 또한 교육권과 교육감독권을 독점하고 있는 학교와 국가는 과연 학생들의 미래에 대한 책임을 지고 있는가? 이 2가지 질문에 대한 명확한 대답을 할 때가 되었다(한국미래학연구원, 2017: 98).

 무엇보다 가정교육과 학교교육의 조화가 필요하다. 이 둘을 조화할 수 있는 제도가 필요하다. 2030 가정은 홈스쿨링으로, 학교는 캐어 스쿨링으로 전환하여 상호 유기적으로 학생의 성장 발달을 도모하는 일이 하나의 제도로 도입될 필요가 있다.

 원래 홈스쿨링은 1980년대 중반 호주에서 시작되었다. 호주는 광활한 영토에 농·축산업을 주산업으로 국가경영을 하였다. 그런데 먼 시골에서 농사를 짓는 농부들이 자녀교육을 위해 농토를 버리고 도시로 진출하면 국가경영이 어려워질 것을 우려

한 호주 정부는 막대한 예산을 들여 통신원격교육을 실시하고, 부모에게 교육지도서를 보내 부모가 자녀의 학습수준을 평가하고 진급과 졸업을 결정하도록 하였다. 호주의 제도와 미국의 제도는 홈스쿨링을 정규교육으로 인정하는 점에서 차이가 없으나, 호주는 국가의 필요에 의해, 미국은 공교육 불신에 따른 학부모의 선택에 의해 홈스쿨링을 채택하였다.

홈스쿨링이란 획일적인 공교육에 반대하여 부모가 자녀의 적성과 특성에 맞는 교육을 실시하는 '재택교육'을 이른다. 한국에서는 신청을 통해 진학 의무를 면제 받아서 홈스쿨링을 할 수 있다(초중등교육법 제14조). 정식 학력을 인정받으려는 학생은 검정고시를 봐야 한다. 미국은 오랜 법정공방 끝에 1993년에 홈스쿨링을 법적으로 제도화하였다. 미국의 모든 주는 교육관계자가 1년에 2-3회 해당 가정을 방문하여 교육실태를 확인하는 조건으로 부모의 재택교육을 인정하고 있다.

우리의 홈스쿨링이 정상 궤도에 오르려면 많은 제도적 보완과 함께 홈스쿨링에 대한 국민의 절대적인 관심과 이해가 있어야 한다. 국내 홈스쿨링은 국가가 인정하는 정식 교육과정이 아니기 때문에 공식적인 홈스쿨링 현황 자료는 없다. 2022년 9월 기준 '장기 미인정 결석' 학생 가운데 결석 사유가 홈스쿨링인 학생 수는 1,725명(초등학생 941명)이다(한겨레신문, 2023.2.15). '코로나 19'가 종식되기 어렵다는 전망이 나오면서 홈스쿨링을 하고 검정고시를 보는 방안을 진지하게 검토하는 학생 및 학부모들이 늘고 있다. 2023년 기준 미국 내 홈스쿨링 학생 수는 약 190만 명에서 270만 명으로 추산하고 있다(미국립교육통계센터, 2023).

2030 우리의 홈스쿨링은 다음과 같이 활성화되어 수월성 교육을 촉진할 것으로 보인다.

· 홈스쿨링을 통한 개별화학습은 특히 우수 학생과 지진아의 성장 발달에 실질적인 도움을 준다.

· 인공지능 학습 소프트웨어가 제공되어 홈스쿨링의 질적 수준을 높여준다.

· 한국의 학부모는 고학력자여서 우수한 인공지능 코스웨어를 가지고 홈스쿨링을 효과적으로 운영할 수 있다.

· 이 시기에는 '친환경 웰빙 가정'과 유랑 기업에 따른 '유랑 가정'이 속출하고, 글로벌 시민사회의 성숙으로 가족단위로 국경을 넘나드는 해외이주가 크게 증가한다. 또한 직장인의 휴가 기간이 길어져 평생학습체제 속에서 다양한 체험활동을 하며 경력을 개발하는 직장인이 많아진다. 이러한 환경변화는 자녀를 '학교'라는 울타리에 가두어둘 수 없게 할 것이다.

(2) 캐어 스쿨링

가정이 홈스쿨링으로 자리잡으면, 학교는 캐어 스쿨링(Care-schooling)으로 자리잡게 된다. 캐어 스쿨링은 돌봄경제 시대의 이상을 실현하는 '돌봄 스쿨링'으로 일반적인 교수학습은 인공지능 소프트웨어가 담당하고, 교사는 학생 개개인의 성장 발달을 지도하는 데 전념한다. 교사는 학생들과의 개별상담을 통해, 이들의 개별학습을 돌보고 지적·정서적·사회적 성장 발달을 돌보면서 학생들의 꿈을 만들고, 가꾸고, 발전시키는 일을 한다. 자연스레 학교는 학생들이 팀학습·워크숍·발표회·토론회 등을 하는 공동학습의 장으로 전환한다. 학생들은 교사의 도움 아래 각자의 생애성장계획서를 만들고 업그레이드하며 실천해나간다.

지금까지 학생의 필요와 요구보다는, 학교 및 교사의 권위와 품격을 강조하고 국가의 필요와 요구를 강요하는 교육에 많은 시간을 할애하였다. 2030년에는 이러한 필요와 요구가 거의 사라져 그야말로 학생 개개인의 성장 발달을 위한 개별지도에 전념하는 환경이 조성된다. 학교가 캐어 스쿨링으로 전환하면 홈스쿨링의 부족한 부분을 채워줄 수 있다. 캐어 스쿨링은 오히려 학교 및 교사의 품격을 한층 높여줄 것이다(하인호, 2008: 74-75).

・우수한 캐어 스쿨링이 실시되는 지역의 홈스쿨링 가정 수는 줄어드는 반면에, 빈약한 캐어 스쿨링 지역의 홈스쿨링 가정 수는 증가한다.

・캐어 스쿨링은 실험・실습, 다양한 간접 체험학습, 운동회, 발표회, 세미나, 워크숍 등의 효율적 운영으로 홈스쿨링의 단점을 보완해준다.

・캐어 스쿨링 교사에게는 인공지능 교수-학습 소프트웨어・코스웨어・모니터링 시스템 등이 제공되어, 교사는 잡무에서 벗어나 학생들의 개별지도에 전념할 수 있다.

(3) 수월성 교육

2030 교육은 '선택과 집중'을 통해 학습자의 수월성을 개발하는 데 그 의의가 있다. '수월성 교육'은 인간의 차이 즉 '개성'을 인정하는 교육이며 개성을 발달시키는 교육이다. 수월성 교육이야말로 질적인 민주교육이다. 모든 사람이 자신의 개성을 발달시키면 엘리트가 될 수 있기에, 수월성 교육은 '만인을 위한 엘리트 교육'이라 할 수 있다. 수월성 교육으로 돌봄경제사회를 성숙시키면서 드림 소사이어티를 활짝 열어가야 한다.

돌봄경제사회와 드림 소사이어티는 '창의적 멀티플레이어(multi-player)'를 요구한다. 이를 위해 2030 인재는 다음의 능력을 갖출 것이 요구된다(한국미래학연구원, 2017: 100-102).

첫째, 글로벌 능력을 갖춘 글로벌 인재가 되어야 한다. 글로벌 인재는 글로벌 능력을 기반으로 세계 속에서 승부를 거는 자신감을 가지고 부단히 도전해나가야 한다. 시간만을 죽이는 획일적인 중복교육과 반복교육은 반드시 철폐되어야 한다.

둘째, 탁월한 지식근로능력을 갖추어야 한다. 2030 지식근로자는 단순한 지식이 아니라 생동감 넘치는 지식, 곧 적용할 수 있는 살아있는 지식, 지혜와 노하우를 담고 있는 지식을 갖추어야 한다. 그리고 정보를 지식으로 바꾸고, 이론적 지식을 성찰적 지식으로 업그레이드하며, 지식을 지혜로 변환하는 데 탁월해야 한다. 또한 개별학습은 물론 팀학습을 잘하고, 지식을 분석, 통합 및 가공하여 고차원의 지식을 창출하는 일에 몰입하는 특성을 가지고 있어야 한다.

셋째, 우수한 창의력을 갖추어야 한다. 다음의 창의력 중 2가지 이상을 갖춘 멀티플레이어가 되어야 한다.

① 지적 창의력: 아이디어를 내고, 개념적 틀을 만들고, 기존의 사고체계나 모형을 고차원으로 발전시키는 능력이다.

② 표현적 창의력: 자신의 아이디어를 말과 글, 그림이나 도표, 신체적 기능 등으로 표현하는 능력이다.

③ 과학적 창의력: 미처 발견하지 못한 것을 찾아내고, 아직 고안하지 못한 구조를 새로 만들고, 새로운 기술을 창출하는 능

력이다.

④ 혁신적 창의력: 우수한 인재를 발굴하고, 사람을 잘 활용하고, 인간관계를 잘 맺고, 조직을 효율적으로 운영하는 능력이다.

2030 교육은 '선택과 집중'을 통해 학습자의 수월성을 개발하여, 이들을 수월성 중심의 창의력을 갖춘 지식근로자로 양성하는 데 매진할 것이다.

3
길러야 할 역량

제3부는 '제1부'와 '제2부'의 토대 위에 '2030 지식근로자'가 되기 위해 갖추어야 할 역량을 개발하는 과정이다.

'6대 메가트렌드'의 복합적 특성을 나타내는 2030 일터의 구성원은 '지식근로의 기반이 되는 역량(지식근로 기본능력)'을 바탕으로 각자의 분야에서 지식근로를 한다.

앞 '제1부'와 '제2부'에서 제시한 이들 역량 중 핵심적인 것을 간추리면, 지식창출 학습을 유발하는 '내면적 자원', 학습의 기초역량인 '기본 학습능력', 팀워크를 만드는 '팀워크 역량', 미래 통찰과 지식경영을 밑받침하는 '예측능력' 및 '지식경영능력'으로 집약된다. 이 중 '지식경영능력'은 앞 '제1부'에서 제시하였기에, 여기서는 나머지 4가지 역량을 집중 논의한다.

우리는 이들 역량을 키우는 데 매진하여 2030 일터에서 유능한 지식근로자로 자리매김해야 한다.

제1장 내면적 자원 개발

1. 내면적 자원이란

 '제1부 제1장'에서 집중적으로 논의했듯이, 우리는 정보에 학습을 가해 지식을 창출한다. 바로 이 '지식창출 학습'은 개인의 내면적 자원으로부터 유발된다. 인간은 자신만의 내면적 자원을 가지고 있다. '내면적 자원(內面的 資源)'이란 인간두뇌에 내재되어 있는 지적·감성적·심미적 요소가 융합하여 발현하는 에너지로, 이 에너지는 개인의 '신념·가치관·창의력을 발동하는 동력'으로 작용한다. 그러므로 개개인에게 지식사회 마인드를 심어주고 이 위에 내면적 자원을 잘 발달시켜주면, 이들은 지식창출의 신념·가치관·창의력이 활기차게 발동하여 자신만의 '지식창출 학습'을 적극 유발한다. 이렇듯 내면적 자원은 개인의 지식창출 학습을 유발하는 원천이다.

 내면적 자원으로부터 유발되는 지식창출 학습의 결과 지식이

길러야 할 역량 ▮ 171

생성된다. 지식이란 자신의 내면적 자원을 기반으로 정보를 수집·분석한 후, 통찰력을 가해 가공한 것을 개념화한 것이라 할 수 있다. 따라서 지식은 독창적인 나만의 지적자산으로, 본질적으로 암묵적이다. 정보는 '모두의 것'으로 무한 공유 및 복제가 가능하나, 지식은 '나만의 것'으로 공유와 복제가 불가능하다. 이렇게 생성된 지식으로부터 고부가가치가 창출된다. 지식이 곧 경쟁력인 지식사회가 도래하고 있는 지금, 사회구성원의 내면적 자원 개발은 실로 절박한 과제로 인식되어야 한다.

2. 내면적 자원 개발

내면적 자원의 중요성에 비추어 그 개발에 대해 논의한다.

위에서 살폈듯이 내면적 자원은 지적·감성적·심미적 요소로 구성된다. 이 중 감성적 요소(감성)는 지적 요소(지성)를 활성화하여, 정적인 지성을 생동적인 것으로 만들어 내면적 자원을 발달시키는 작용을 한다. 또한 감성과 결부되어 활성화된 지성은 신체 각 부분을 작동, 실천행동으로 옮겨져 이로부터 창의적인 성과가 나타나게 된다. 요컨대 감성은 지성을 활성화하여, 내면적 자원을 발달시키는 동시에 지성·감성·육체의 통합행위를 촉진, 창의적 성과를 낳는다.

'감성(感性)'이란 무엇인가.

본래 감성이란 '희로애락애오욕(喜怒哀樂愛惡慾)을 내는 인간의 순수한 감정'을 이른다. 감성은 인간을 인간답게 하고, 살맛나게 하며, 행복하게 하는 인간만이 갖는 매우 고귀한 것이다. 그런데 인간은 편리함과 즐거움을 지향하는 속성이 있어 때론 안락보다 쾌락을, 이타보다 이기를 추구하기에, 감성을 인간중심적으로 보완하는 부단한 노력이 따라야 한다. 감성은 미(美)의 본질을 헤아려 그것을 체화하는 '심미적(審美的) 기능'에 의해 인간중심적으로 보완되므로, 체험활동·봉사활동·정신문화 중심 여가활동·초보적 예술활동 등을 진작하여 개개인의 심미적 기능을 길러주는 노력이 필요하다.

이와 같이 '인간의 순수한 감정'을 이르는 감성 그 자체는 인간만이 갖는 매우 고귀한 것이다. 그러나 인간은 부딪히는 매순간 서로 다른 감정에 빠져들기에, 상황이나 문제에 맞게 자신의 감정을 다스리고 조절하며 나아가 표출하는 역량, 즉 '감성능력'은 더더욱 중요성을 갖는다. 이 점에서 감성이란 '감성능력(EQ)'을 내포하는 개념이라 할 수 있다. 이에 감성능력은 '내면적 자원을 발달시키는 동시에 지성·감성·육체의 통합행위를 촉진하는 동인'이라 할 수 있다. 여기서 내면적 자원 개발의 요체는 바로 '감성능력 개발'에 있음을 알 수 있다.

감성능력은 '자기인식, 자기 동기화, 감정이입, 대인관계 등의 능력요소들로 구성된 핵심역량'이다. 이들 요소의 개념을 살피고 그 발달을 위한 교육적 방향을 다음과 같이 모색한다(김길룡, 2012: 80-83 ; 임정훈 외, 2014: 106-113).

첫째, '자기인식'은 자신의 내적 상태에 지속적인 주의를 기울여 항상 자기반성적 사고 즉 '자기 성찰'을 유지하는 능력이다. 인간은 부딪히는 상황 경험을 통해 자기 성찰을 하는 존재이므로, '자기인식'의 발달을 위해서는 학습자가 자기 성찰을 충분히 경험하는 학습환경을 조성하는 데 주력해야 한다. 이 점에서 '실천행동학습' 위주의 직무교육을 강화할 필요가 있다. 실천행동학습이란 탐구주제에 관한 조사·연구, 실험·실습, 발표·토론, 자기 성찰로 이어지는 일련의 '실천행동 과정'을 통해 해당 주제에 관한 실천적·성찰적 지식을 체득하는 학습이다. 학습자들은 이러한 일련의 실천행동 과정을 거쳐 자기 성찰을 충분히 경험하면서 해당 주제에 관한 실천적·성찰적 지식을 체득하게 된다. 실천행동학습은 '자기인식'을 효과적으로 발달시키는 학습방법으로 간주된다.

둘째, '자기 동기화'는 어떤 어려운 상황에서도 좌절하지 않고 스스로 동기를 유발하여 목표달성에 필요한 방안을 찾아 실천하는 능력이다.

셋째, '감정이입'은 내가 상대가 되어 상대의 감정을 대리적으로 느끼는 능력으로, 토의학습과 협동학습은 '감정이입'을 효과적으로 발달시킨다. '토의학습(Discussion Learning)'이란 교수자와 학습자 간 또는 학습자와 학습자 간 언어적 상호작용을 통해 상호이해를 도모하면서 생산적인 결론을 내는 학습방법이다. 한편 '협동학습(Cooperative Learning)'이란 이질적인 학습집단을 구성하고, 학습집단 구성원이 팀워크를 기반으로 서로 협력하면서 동일한 학습목표를 성취해나가는 학습이다. 성공적인 협동학습의 원칙으로, ① 상호 의존을 통한 동일목표 성취, ② 상호 동기유발을 통한 일체감 유지, ③ '개인은 전체에 영향을 미치고, 전체는 개인에 영향을 미친다'라는 팀의 한 구성원으로서 가져야 할 책무성 인식, ④ 각자는 리더십 발휘주체가 되어야 한다는 점 등이 제시되고 있다(박숙희·염명숙, 2013: 123, 136-139).

넷째, '대인관계'는 '감정이입'의 차원을 넘어 상대를 위해 내가 해야 할 최선의 행동을 자각하고 실천에 옮기는 능력으로, '학습자중심 프로젝트학습'은 '대인관계'를 효과적으로 발달시킨다. 특히 학습자중심 프로젝트학습은 아래와 같이 대인관계뿐 아니라 감성능력 구성요소를 총체적으로 발달시킨다는 점에서 의의가 크다.

학습자중심 프로젝트학습의 단계는 ① 목표설정, ② 계획수립, ③ 실행, ④ 평가로 구성된다. 목표설정 단계에서 학습자들은 공동으로 프로젝트 목표를 설정함으로써, 공유학습이 이루어져 성취동기가 유발된다. 계획수립 단계에서 프로젝트의 수행방법과 절차, 역할분담, 자료수집방법 등에 관한 청취·반박·설득·협상의 과정을 통해 학습자들은 의사소통능력이 발달하고, 실행 단계에서 역할분담에 따른 부분성과들을 조합하는 과정을 통해 협동심과 책임감이 발달한다. 끝으로 평가 단계에서 전체 프로젝트 중에 실행된 수행방법과 부분성과 등을 비판적으로 검토하고 피드백 함으로써 비판을 겸허히 수용하고 대응하는 능력이 발달한다(홍명희 역, 1996: 235-241).

이와 같이 학습자중심 프로젝트학습은 학습자들의 팀 활동을 통해 프로젝트를 기획·수행·평가하여 프로젝트를 성취하는 학습이다. '팀워크'를 기반으로 프로젝트를 만들고 수행하고 평가하는 과정을 거치면서 자연스레 자기인식, 자기 동기화, 감정이입 및 대인관계 능력이 길러지게 된다. 이렇듯 학습자중심 프로젝트학습은 '대인관계'를 넘어 감성능력 구성요소를 총체적으로 발달시킨다는 점에서 의의가 크다.

한편 위에서 논의한 감성능력의 구성요소인 자기인식, 자기동기화, 감정이입, 대인관계의 개념과 기능을 잘 살펴보면 감성능력은 '실천의 동력'으로 작용하고 있음을 알 수 있다. 그렇기에 감성능력은 정적인 지성을 활성화하여, 내면적 자원을 발달시키는 동시에 지성·감성·육체의 통합행위를 촉진, 창의적 성과를 낳는 것이다. 이렇듯 감성능력은 창의적 성과를 산출하는 원천으로 작용한다.

지식사회가 도래하고 있는 지금, 사회구성원의 감성능력 개발은 절박한 과제로 인식되어야 한다. 감성능력은 특정 프로그램의 도입보다는 기존의 직무교육이 위에서 제시한 실천행동학습, 토의학습, 협동학습 및 학습자중심 프로젝트학습 등으로 운영될 때 효과적으로 발달한다. 특히 직무교육과정의 많은 부분을 학습자중심 프로젝트학습으로 운영함으로써 감성능력 구성요소를 총체적으로 발달시키는 일이 중요하다.

> ♠ 탐구활동
>
> · 감성능력이란 무엇이고, 어떤 기능을 합니까?
> · '학습자중심 프로젝트학습'을 통해 학습자들의 감성능력은 효과적으로 발달합니다. 귀하의 직무교육에서 '학습자중심 프로젝트학습'으로 실시되어야 할 주제나 내용은 무엇이라고 생각합니까?

제2장 기본학습능력 기르기

2030 지식사회의 일터에서는 일의 본질이 지식근로로 전환한다. '지식근로'란 현업에서 일과 학습을 밀착하여 일을 업그레이드하는 지식을 창출, 공유 및 적용하면서 창의적으로 일하여 '효율성'을 높이는 것이다. '최소 비용으로 목표를 최대로 달성하는 것'을 이르는 효율성은 경쟁력의 요체이다. 지식근로를 통해 창출된 지식을 일에 적용하면 일의 효율성이 높아지고, 일 관련 지식에 적용하면 더욱 창의적인 지식이 생성된다. 지식을 지식에 적용한 결과, 즉 생성된 '더욱 창의적인 지식'을 다시 일에 적용하면 일의 효율성은 극대화된다.

조직구성원은 지식근로의 주체로서 마땅히 학습능력을 갖추어야 한다. 지식이 경쟁력인 지식사회의 일터 구성원은 학습의 기초역량인 '기본학습능력' 기르기에 매진하여 유능한 지식근로자로 자리매김해야 한다. 기본학습능력은 '기초능력'과 '학습을 위한 학습능력'으로 구성되는데, '학습을 위한 학습능력'을 체화하고 이 토대 위에 '기초능력'을 키우면 시너지가 나타나 기본학습능력은 학습의 기초역량으로 정착된다.

1. 기초능력

'기초능력(core competence)'의 개념 이해를 위해 먼저 기초능력의 저변에 놓여있는 '항구적 가치'의 개념을 살핀다. 항구적 가치란 인간이 삶의 질을 누리기 위해 인생의 모든 시기에 마땅히 추구해야 할 불변의 가치를 이르는데, '3R(읽기, 쓰기, 셈하기)의 습득'은 대표적인 항구적 가치이다. 이로부터 한 개인을 중심으로 '요람에서 무덤까지' 교육이 이루어지는 평생교육의 근거가 마련된다. 기초능력이란 바로 이 '3R, 즉 읽기(Reading), 쓰기(wRiting), 셈하기(aRithmetic)가 지식사회에 알맞게 개량된 것'으로, 각각 독해력, 작문력, 수리력을 일컫는다(한국미래학연구원, 2000.12: 45-46 ; Challenger, 2002: 42-44 ; 김길룡·박병두, 2020: 144-148). 각 개념을 살펴보자.

먼저 독해력은 '정보활동의 근간이 되는 능력'이다.

'정보활동'이란 어떤 주제에 관한 '정보를 수집·분석·통합한 후 통찰력을 가해 가공하는 일'로, 지식의 원료를 만드는 중차대한 작업이다. 쌀이 좋아야 밥맛이 좋듯이, 좋은 지식 원료에서 좋은 지식이 나오는 법이다. 우리는 독해력을 기반으로 우수한 정보활동을 하여 좋은 지식 원료를 만들어내야 한다. 정보활동의 첫 단계인 '정보 수집'만 보더라도 독해력의 중요성을 절감할 수 있다. 그 이후 단계인 정보의 분석, 통합, 가공 과정에서 독해력의 중요성은 두말할 나위가 없다.

정보의 수집을 살펴보자.

우리는 독해력을 기반으로 3가지 정보시장의 정보 홍수 속에서 내게 꼭 필요한 정보를 신속히 포착하여 수집한다. 한 개인을 중심으로 아날로그시장, 디지털시장, 인간시장 등 '3가지 정보시장'이 동시에 펼쳐진다. 아날로그시장은 직접 발품 팔아 정보를 수집하는 도서관, 자료실 등으로 이곳에서 주로 원자료와 기초자료를 수집한다. 디지털시장은 인터넷을 중심으로 펼쳐지는 정보시장인데, 이곳의 정보DB는 운영자의 철학 중심으로 구축되고 가공 자료도 많아 반드시 아날로그시장의 원자료에 의해 보완되어야 한다. 이렇듯 이 2가지 시장은 서로 밀착되어 있어 디지털시장은 아날로그시장의 토대 위에 존재한다는 철저한 신념을 가져야 한다. 한편 인간시장은 사람들 간의 다양한 만남(직업활동, 세미나, 동호회, 사교모임, 심지어 우연한 만남 등)에서 자연히 형성되는 정보시장이다. 만남에는 대화와 소통(언어적·비언어적)이 흐른다. 우리는 여기서 관심 주제에 관한 다양한 관점의 아이디어나 정보를 얻고 문제해결의 실마리를 포착하기도 한다.

한 개인을 중심으로 동시에 펼쳐지는 이 3가지 정보시장은 역동적으로 상호작용하며 정보의 질과 양을 풍부히 해준다. 독해력을 발휘하여 이 3가지 정보시장에서 포괄적으로 정보를 수집하는 노력을 기울여야 한다. 수집된 정보는 다음 단계인 분석, 통합, 가공의 과정을 거쳐 지식 원료로 만들어지는데, 여기서도 독해력이 기반이 됨은 물론이다. 독해력을 발휘할수록 우수한 지식 원료가 만들어진다.

다음으로 작문력을 살펴본다.

작문력은 '쌍방향 소통의 근간이 되는 능력'이다. 사회구성원은 누구나 화자인 동시에 청자, 발신자인 동시에 수신자, 상담자인 동시에 피상담자가 된다. 개개인은 쌍방향 소통의 주체인 것이다. 그러므로 개개인은 쌍방향 소통을 효과적으로 주도하여 의사소통의 효과를 극대화해야 할 책무가 있다. 이렇듯 쌍방향 소통 능력은 2030 일터 구성원이 반드시 갖추어야 할 필수소양이다. 작문력이란 바로 이 '쌍방향 소통을 효과적으로 주도하는 능력'이다. 곧 신속 정확하고 논리적으로 메시지를 만드는 차원을 넘어, 상대가 내 메시지에 완전 공감하여 내게 활기찬 피드백을 보내도록 메시지를 만드는 능력이다. 이를 통해 쌍방향 소통의 효과가 극대화된다.

우리는 대외적으로 고객과 신속한 피드백을 주고받고, 대내적으로는 언제나 발신자인 동시에 수신자, 상담자인 동시에 피상담자가 된다. 이렇게 보면 작문력이란 단순 문장력을 넘어, 자기표현능력이며 또 내 메시지에 대해 상호이해를 가져오게 하는 대인관계능력이다. 나아가 상대를 내 메시지에 완전 공감케 하여 내가 바라는 행동으로 이끄는 '리더십능력'이라 할 수 있다.

  끝으로 수리력은 어떤 현상이나 자료에 흐르고 있는 수의 이치를 포착하고 그것을 도표화·도식화·도형화하는 능력이다. 수리력 발휘를 위해 기초통계지식을 갖춰야 함은 물론이다. 어떤 주제 아래 수집한 무수한 자료를 면밀히 분석·통합한 후 수리력을 가해 도표·도식·도형 등으로 표현하면, 의사소통의 질이 획기적으로 높아져 경영의 효율성 향상으로 이어지게 된다.

♠ 탐구활동

독해력과 작문력을 키우기 위해 귀하는 어떤 노력을 하겠습니까?

---

2. 학습을 위한 학습능력

개개인은 학습이 가장 잘되는 자기 나름의 학습환경과 학습방법을 가지고 있다. 따스한 데서 학습이 잘되는 사람과 선선한 데서 잘되는 사람, 널찍한 개방공간에서 잘되는 사람과 좁은 폐쇄공간에서 잘되는 사람이 있다. 또한 동료와의 치열한 경쟁심리 속에서 두각을 나타내는 사람과 나만의 세계 속에서 나만의 유유자적함으로 두각을 나타내는 사람이 있다.

이와 마찬가지로 개개인은 학습이 가장 잘되는 자기 나름의 인적·물적 학습자원이 있다. 개개인은 각자의 학습자원을 활용하여 각자의 지적 활동을 통해 스스로 지식을 체득한다(하인호 외, 2002: 164-165). 여기에는 지식은 교수자로부터 전달받는 것이 아니라, '나의 인식(認識)에 의해 얻어진 성과'라고 하는 인식론적 배경이 깔려 있다.

여기서 인식이란 '이성 작용으로 사물의 본질에 관해 바른 판단을 내리는 일'인데, 인식의 주체는 다름 아닌 '나'이기에 결국 '지식은 나 자신이 만든다'는 것이다. 이 관점에서 보면 지식이란 교수자가 학습자에게 가르치는 것(敎授)이 아니라, 학습자가 자기 자신을 둘러싼 인적·물적 학습자원을 활용하여 자신의 지적 활동을 통해 스스로 체득하는 개별적인 것이다(박숙희·염명숙, 2013: 61-62 ; 김길롱·박병두, 2020: 148).

이렇게 보면 교수자는 지식전달자가 아니라, 학습자가 스스로 자신의 지식을 잘 만들 수 있도록 개개인에게 가장 알맞은 학습자원을 안내하고 지원하는 조력자 및 촉진자이며 나아가 학습자가 활용하는 하나의 '학습자원'으로 기능한다. 학교교육의 경우 이러한 인적·물적 학습자원으로, 각종 컴퓨터기반 프로그램, 시뮬레이션, 하이퍼미디어, 교수매체, 자료실, 도서관, 상담실, 교사, 동료학생, 학부모 및 지역사회의 자원인사 등을 들 수 있다.

바로 '학습을 위한 학습능력'이란 자신에게 가장 알맞은 학습환경·학습방법·학습자원을 부단히 개발 및 체화(體化)하고, 이 토대 위에 학습을 하는 능력이다. 학습을 위한 학습능력을 체화하면 학습동기가 항상 충만하여 '자기주도 학습활동'이 생활화되고, 이는 평생학습의 기반이 된다. 지식이 경쟁력인 지식사회가 도래하고 있는 지금, 학습을 위한 학습능력의 개발이야말로 실로 절박한 과제이다. 그 개발 방향을 아래와 같이 모색해본다(김길룡·박병두, 2020: 149-150).

학습자에게 자신만의 학습환경·학습방법·학습자원을 자유롭게 개발하고 적용하는 환경을 조성해줌으로써, 학습자가 스스로 '학습을 위한 학습능력'을 체득하도록 밑받침해야 한다. 이를 위해 학습자의 '자기학습활동'을 진작하는 직무교육과정이 운영되어야 한다. 직무교육과정의 많은 부분을 '학습자 자기학습활동'으로 편성하고, 학습자는 자기학습활동의 결과를 포트폴리오로 제출한다. 교수자는 포트폴리오의 구성항목과 평가기준을 명세화하여 학습자들과 공유하고, 이에 의거하여 학습자들의 성취도를 평가하고 그 결과를 즉시 피드백 하여 학습의 내면화를 기한다.

이러한 학습자 자기학습활동의 활성화는 '학습을 위한 학습능력'을 효과적으로 발달시킬 것으로 보인다. 여기에 교육내용과 '독서활동'을 연계하여 학습자의 독해력을 강화하는 동시에, 학습자 자기학습활동을 밑받침해주면 더욱 효과적이다.

이상에서 논의한 '학습을 위한 학습능력'을 체화하고 이 토대 위에 기초능력을 키우면 시너지가 나타나 기본학습능력은 학습의 기초역량으로 정착된다.

♠ 탐구활동

'학습자 자기학습활동'을 통해 학습자의 '학습을 위한 학습능력'은 효과적으로 발달합니다. 귀하의 직무교육에서 '학습자 자기학습활동'으로 실시되어야 할 주제나 내용은 무엇이라고 생각합니까?

제3장 팀워크 역량 기르기

앞 '제1부 제3장'에서 논의했듯이, 팀제란 생동적인 팀워크를 기반으로 팀원 간 리더십 공유와 개인능력 극대화를 촉진, 시너지를 내는 조직이다. 이렇듯 '팀워크'는 팀제의 생명력이다. 팀제를 근간으로 하는 2030 일터의 구성원은 '팀워크 역량 기르기'에 매진하여 유능한 지식근로자로 자리매김해야 한다.

팀워크는 공명력과 공진력을 합친 개념이다. '공명(共鳴)'이란 발음체가 외부 음파에 자극되어 이와 동일한 진동수의 소리를 내는 현상이다. 이런 의미에서 '공명력(共鳴力)'이란 팀원이 서로의 감성을 읽고 서로의 마인드와 능력수준을 감지하여 모두가 일체에 이르게 하는 것으로, 여기에는 각자의 '의사소통능력'이 작용하고 있다. 한편 '공진력(共進力)'이란 공명력에 따른 일체감 속에서 모두가 각자의 위치에서 자신의 능력을 최대로 발휘하는 동시에 상대도 최대의 능력을 발휘하도록 받쳐주는 것으로, 여기에는 서로가 이끌어주는 각자의 '리더십'이 작용하고 있다(하인호 외, 2002: 176-177 ; 김길룡·박병두, 2021: 109).

한 예를 들어본다.

과거 우리의 '3인 공동삽질'에는 3인이 서로의 감성을 읽고 서로의 마인드와 능력수준을 감지하여 일체에 이르게 하는 '공명력'이 작용하였고, 이에 따른 일체감 속에서 3인이 각자의 위치에서 자신의 능력을 최대로 발휘하는 동시에 상대도 최대의 능력을 발휘하도록 받쳐주는 '공진력'이 작용하였다. 이러한 공명력과 공진력은 생동적인 '팀워크'를 만들고, 이로부터 시너지가 유발되어 3인이 5인 몫의 일을 하였다. 즉 '부분의 합보다 큰 전체'를 산출한 것이다(김길룡, 2017: 130-131).

이상의 논의에서 보면, 팀원의 '의사소통능력'과 '리더십'은 팀워크를 만드는 원천이다. 팀원 개개인은 활기찬 의사소통을 매개로 서로가 리더십을 발휘, 생동적인 팀워크를 만들어 팀의 시너지를 유발해야 한다. 일터 구성원은 의사소통능력과 리더십을 키워 탁월한 팀워크 역량을 갖추는 데 매진해야 한다.

1. 의사소통능력

먼저 팀워크를 만드는 요소 중 의사소통능력을 살핀다.

의사소통이란 '발신자'가 어떤 사안에 관한 자신의 메시지를 언어적 상징(말·글)이나 비언어적 상징(눈·표정·제스처 등 신체언어)으로 '수신자'에게 전달하여 해당 메시지를 중심으로 양자 간 상호작용을 촉진하고, 이를 통해 해당 메시지에 대해 '상호이해'를 가져오는 일이다(김길룡·박병두, 2021: 110-111). 이렇듯 의사소통은 발신자가 자신의 메시지를 중심으로 수신자와의 '상호작용'을 촉진함으로써, 해당 메시지에 대해 '상호이해'를 가져오는 데 목적이 있다.

그러므로 의사소통의 저변에는 상대의 피드백 및 감성의 흐름을 마음의 눈으로 읽고 이에 기민하게 대응하는 발신자의 '감성능력'이 역동적으로 작용하고 있다. 앞 '제1장 내면적 자원 개발'에서 강조한 감성능력 개발의 중요성을 다시 한 번 절감한다. 인간조직체에서는 의사소통에 의한 구성원 간 '상호이해'를 바탕으로 생동적인 팀워크가 만들어지고, 이 토대 위에 효과적인 리더십이 발휘되어 경영의 효율성이 높아지게 된다. 구성원 간 의사소통이 원활할수록 경영의 효율성이 높아지는 것이다.

이러한 의사소통능력은 기초직업능력의 핵으로 작용한다.

'직업능력'은 해당 직업분야에서 요구하는 능력이고, '기초직업능력'은 그러한 직업능력을 발휘하게 하는 능력이다. 즉 각자가 가진 직업능력은 기초직업능력의 토대 위에서 발휘된다. 기초직업능력은 모든 직업분야에 공히 적용되는 능력이기에, 학교교육을 통해 일찍이 길러져야 한다.

이에 직업교육 선도국가 영국은 1992년 이래 학교교육에서 '기초직업능력 프로그램'을 전면 시행하고 있는데, 의사소통능력, 수리력, 정보활용능력, 대인관계능력, 자기학습능력 및 문제해결능력 등 6가지 능력을 기초직업능력으로 규정하고 있다. 이 중 의사소통능력은 나머지 5가지 능력의 발휘를 밑받침하는 '기초직업능력의 핵'으로 작용한다(하인호 외, 2003: 75-76). 지식사회가 도래하고 있는 지금, 우리의 학교교육에서도 학생들의 의사소통능력이 효과적으로 발달할 수 있는 교육과정을 개발 및 운영하는 데 심혈을 기울여야 할 것이다.

이렇게 중차대한 의사소통능력을 어떻게 개발할 것인가?

위에 제시한 영국의 기초직업능력 프로그램 중 '의사소통능력 개발 프로그램'을 살펴 그 개발 방안을 모색한다.

이 프로그램에서는 의사소통능력의 개념을, '토론하기, 자료를 읽고 정보 획득하기, 문서 작성하기를 성공적으로 수행하는 능력'으로 정의하고, 이 3가지 영역을 발달시키기 위한 활동을 제시하고 있다(Holt et al., 1997 ; 김길룽, 2017: 132-134). 이 개념정의에서 '토론'이란 서로가 상대의 메시지나 감성의 흐름을 마음의 눈으로 읽고 이에 기민하게 대응하는 것이므로, 토론에는 항상 토론자의 '감성능력'이 역동적으로 작용하게 마련이다. 이 점에서 이 개념정의 중 '토론하기'는 의사소통자의 감성능력 발휘를 강조하는 것이라 할 수 있다. 그리고 '자료를 읽고 정보 획득하기'는 의사소통자의 수신자로서 요구되는 능력의 발휘를, '문서 작성하기'는 의사소통자의 발신자로서 요구되는 능력의 발휘를 강조하는 것이라 할 수 있다.

이렇게 보면 의사소통능력이란 결국 의사소통자가 이 3가지 능력, 즉 '감성능력, 수신자로서 요구되는 능력 및 발신자로서 요구되는 능력을 발휘하는 역량'이라 할 수 있다. 따라서 이 개념정의는 언어적·비언어적 의사소통 요소와 쌍방향 의사소통 요소 모두를 잘 갖추고 있는 이상적인 정의라고 할 수 있다.

한편 이 프로그램에서 제시하고 있는 '의사소통능력의 3가지 영역을 발달시키기 위한 활동'을 집약하면 <표 3-1>과 같다.

<표 3-1>을 보면, '토론주제에 일치하는 의견 제시', '표현력 발휘', '충분히 경청 후 질문'은 감성능력 발휘를 요구한다.

'관련 자료를 읽고 요점과 아이디어 파악', '이해되지 않는 점에 대한 질문 및 조언 구하기', '획득된 정보의 체계적 정리'는 독해력 발휘를 요구한다.

<표 3-1> 의사소통능력의 영역별 개발 활동

영 역	개발 활동
토론하기	토론주제에 일치하는 의견 제시 도형을 이용한 의견 제시 표현력 발휘 충분히 경청 후 질문
자료를 읽고 정보 획득하기	관련 자료를 읽고 요점과 아이디어 파악 이해되지 않는 점에 대한 질문 및 조언 구하기 획득된 정보의 체계적 정리
문서 작성하기	다양한 형태로 문서를 작성하고 전달 문서의 논리적 구조화 문서의 도형화·도식화

'다양한 형태로 문서를 작성하고 전달', '문서의 논리적 구조화'는 작문력 발휘를 요구한다. 그리고 '도형을 이용한 의견 제시', '문서의 도형화·도식화'는 수리력 발휘를 요구한다. 이상을 정리하면 <표 3-2>와 같다.

<표 3-2>를 보면 의사소통능력은 결국 '감성능력'과, 앞 '제2장 기본학습능력 기르기'에서 논의한 독해력·작문력·수리력 등 '기초능력'의 발달을 통해 개발됨을 알 수 있다. 직무교육과정의 많은 부분을 <표 3-2>의 '개발 활동' 중심으로 운영할 필요가 있다. 학습자들은 교육과정을 거치면서 감성능력과 기초능

력이 길러지고, 이는 자연스레 의사소통능력의 발달로 이어지게 된다.

<표 3-2> 의사소통능력의 '개발 활동'에 요구되는 능력

개발 활동	요구되는 능력
· 토론주제에 일치하는 의견 제시 · 표현력 발휘 · 충분히 경청 후 질문	감성능력
· 관련 자료를 읽고 요점과 아이디어 파악 · 이해되지 않는 점에 대한 질문 및 조언 구하기 · 획득된 정보의 체계적 정리	독해력
· 다양한 형태로 문서를 작성하고 전달 · 문서의 논리적 구조화	작문력
· 도형을 이용한 의견 제시 · 문서의 도형화·도식화	수리력

♠ **의사소통능력 자기진단**

아래의 표에 귀하의 현재 상태를 표시하여 귀하의 의사소통 능력 수준을 확인하시오.

1=전혀 아니다, 2=아니다, 3=보통이다, 4=대체로 그렇다, 5=매우 그렇다.

영역	개발 활동	진 단
토론 하기	토론주제에 일치하는 의견 제시	1 2 3 4 5
	도형을 이용한 의견 제시	1 2 3 4 5
	표현력 발휘	1 2 3 4 5
	충분히 경청 후 질문	1 2 3 4 5
	평 균	
자료 읽고 정보 획득 하기	관련 자료를 읽고 요점과 아이디어 파악	1 2 3 4 5
	이해되지 않는 점에 대한 질문 및 조언 구하기	1 2 3 4 5
	획득된 정보의 체계적 정리	1 2 3 4 5
	평 균	
문서 작성 하기	다양한 형태로 문서를 작성하고 전달	1 2 3 4 5
	문서의 논리적 구조화	1 2 3 4 5
	문서의 도형화·도식화	1 2 3 4 5
	평 균	

(1) 위 세 가지 영역에 대한 귀하의 평균을 계산하시오.

(2) '평균 3.5 미만 영역'은 무엇입니까? 이 영역을 개선하기 위해 귀하가 실천해야 할 일을 해당 영역의 '개발 활동' 중심으로 작성하시오.

* 모든 영역이 3.5 이상인 분은 '가장 낮은 영역'에 대해 작성하시오.

2. 리더십

이번에는 팀워크를 만드는 요소 중 리더십을 살핀다.

팀제를 근간으로 하는 지식사회에서는 리더십 패러다임이 전환한다. 여기서는 먼저 지식사회의 도래에 따른 리더십 패러다임의 전환을 살핀다. 그리고 이에 따라 새롭게 대두되는 리더십 능력 중 '비전창출능력'을 중점 논의한 후, '나의 비전 만들기 실습모형'을 실습한다. 이상을 통해 리더십을 키운다.

가. 리더십 패러다임의 전환

팀 구성원은 활기찬 의사소통을 매개로 서로가 리더십을 발휘, 생동적인 팀워크를 만들어 팀의 시너지를 유발해야 한다. 팀제를 근간으로 하는 2030 일터의 구성원은 '리더십 발휘주체'로 기능한다. 이는 리더십 패러다임의 전환을 의미한다. 이에 대한 논의에 앞서 리더십의 개념을 살피자.

리더십(leadership)이란 무엇인가?

목표의 단순한 달성은 의미가 없다. 반드시 '효율적으로' 달성되어야 한다. 이는 조직구성원 각자가 목표달성에 절대적으로 기여할 때만이 가능하다. 조직이란 '인간협동체'여서 이럴 때만이 협동의 효과가 극대화되어 목표가 효율적으로 달성될 수 있다. 그러나 이것은 결코 쉬운 일이 아니다. 내가 아무리 몸 바쳐 일한다고 해서 그것이 곧 목표달성에 기여하는 것은 아니기 때문이다. 이렇게 되도록 리더가 이끌어주어야 하는데, 이러한 '리더의 행위'가 리더십이다. 요컨대 리더십이란 '목표의 효율적 달성을 위해, 조직구성원 각자가 목표 달성에 절대적으로 기여할 수 있도록 조직을 이끄는 리더의 행위'를 이른다.

조직은 전통적으로 이분법 아래 조직구성원을 지배-피지배 관계로 보아 경영관리층과 노동층으로 양분하고, 전자를 리더십 발휘주체로 규정하였다. 이에 따라 언제나 경영관리 입장에서, 경영자나 관리자가 리더십을 발휘하기 위해서는 어떤 인성적 특성이 필요한가(특성론), 또는 경영자나 관리자의 어떤 행위유형이 효과적인 리더십인가(행위론) 등을 밝히는 데 초점을 두어왔다(Hoy & Miskel, 2001: 392-401 ; Flower, 2009).

그러나 팀제를 근간으로 하는 2030 일터는 '다분법'이 지배한다. 팀 구성원은 주어진 위치가 아니라 프로젝트의 성격과 각자의 능력에 따라 최적임자가 '우선적 위치'를 차지하며 해당 프로젝트를 주도하고, 그 결과에 대한 책임은 모두가 공유한다. 모두는 '잠재적 리더'가 된다. 이렇듯 팀 구성원은 리더십을 공유한 채 개인능력을 극대화하며 해당 프로젝트를 주도하는 데 주력하여, 각자는 팀 성과 창출에 절대적으로 기여하게 된다.

이에 지식사회의 리더십은, 팀원 개개인이 리더십을 발휘하여 팀 성과 창출에 절대적으로 기여하기 위해서는 어떤 능력을 갖추어야 하는가에 초점을 둔다. 이는 리더십 패러다임이 '능력론'으로 전환함을 의미한다. 이들 능력으로 비전창출능력, 예측능력, 상담능력, 문제관리능력 등이 제시되고 있다(하인호 외, 2002: 173-175 ; 김길룡, 2012: 101-114). 이 중 여기서는 '비전창출능력'을 중점 논의한다(뒤 '제4장 예측능력 기르기'에서 '예측능력'에 대해 구체적으로 논의함).

나. 비전창출능력

비전이란 '조직을 미래로 이끄는 힘(Future Pull)'을 이른다. 비전은 반드시 조직을 미래로 이끄는 힘이 되어야 한다. 그렇지 않으면 뜬구름이나 망상에 불과한 무의미한 것이다. 이를 위해 비전은 수월성, 차별성, 미래지향적 논리성, 실현가능성, 윤리성 등 '5가지 속성'을 갖추어야 한다. 이 중 한 가지라도 결여되면 그것은 비전이 아니다('제2부 제1장의 4. 대변혁을 이끌 국가 비전'에서 '비전의 개념'을 제시함).

첫째, 비전은 '수월성(excellence)'이 있어야 한다.

이는 비전 성취를 통해 실현하고자 하는 가치가 탁월해야 한다는 것이다. 비전은 그 성취를 통해 사회구성원에게 행복감과 공익성을 주어야 한다. 그러므로 비전은 인간학적 가치와 사회적 가치를 충분히 내포하는 일이 중요하다. 이런 비전만이 수월성이 확보되어 그 성취를 위한 조직구성원의 동기를 유발할 수 있다('제1부 제2장 지식사회'에서 '인간학적 가치'와 '사회적 가치'의 개념을 제시함).

둘째, 비전은 유관 기관과 분명한 '차별성'이 있어야 한다.

비전은 조직만이 가지고 있는 개성과 장점 등 조직의 '정체성'을 잘 드러낸 독창적인 브랜드가 되어야 한다는 것이다. 이때 조직구성원은 자부심을 가지고 비전 성취를 위한 동기를 유발한다.

셋째, 비전은 '미래지향적 논리성'이 있어야 한다는 점이다.

비전은 조직의 미래 목표이기에 CEO나 특정 엘리트에 의해 던져지거나 도약되어서는 안 되며, 일정한 방법론을 적용하여 정교하게 설계된 치밀한 연구결과여야 한다. 이렇게 산출된 비전만이 미래지향적 논리성과 타당성이 확보되어 조직을 미래로 이끌 수 있다.

넷째, 비전은 '실현가능성'이 있어야 한다는 점이다.

실현가능성의 확보를 위해 비전은 동원 가능한 인적・물적 자원의 범주 내에 있어야 함은 물론이다. 더욱 중요한 것은 조직구성원이 공동으로 비전을 만들어 전 조직에 '성취동기'를 유발하는 일이다. 이렇게 산출된 비전은 조직구성원의 '비전 체화(體化)'가 이루어진 '우리 비전'이 된다. '우리 비전'은 조직 내 공유와 확산이 빠를 뿐 아니라, 조직구성원의 성취동기를 적극 유발하여 실현가능성을 크게 높인다.

다섯째, 비전은 '윤리성'에 기초해야 한다는 점이다.

윤리성이 결여된 비전은 인간학적 가치와 사회적 가치를 경시, 사회구성원에게 행복감과 공익성을 줄 수 없어 사회로부터 외면 받게 된다.

이상 논의의 요체는, 비전은 일정한 방법론을 적용하여 조직구성원이 공동으로 만들어야 한다는 것이다. 이렇게 산출된 비전만이 위에 제시한 비전의 속성 모두를 잘 갖출 수 있을 뿐 아니라, 조직구성원의 성취동기를 적극 유발하여 조직을 밝은 미래로 이끌 수 있다. 그러나 이 같은 비전을 갖추지 못한 조직은 구성원의 성취동기가 유발되지 않아 경쟁력이 약화될 수밖에 없다. 각 사회조직체는 기존의 비전에 학습을 가해 위 속성을 갖춘 비전으로 업그레이드하여 조직을 밝은 미래로 이끌어야 할 것이다. 조직구성원은 위의 속성을 갖춘 조직의 비전을 만들고, 가꾸고, 발전시키는 '비전창출능력'을 키워, 조직의 발전을 이끌면서 그 속에서 자아를 실현하는 리더십을 발휘해야 한다.

♠ 탐구활동

· 2030 일터의 팀 구성원은 '리더십 발휘주체'가 되어야 합니다. 그 이유는 무엇이라고 생각합니까?
· 귀하가 속한 조직의 '비전의 실현가능성'을 높이기 위한 귀하의 방안을 제시하시오.

다. 나의 비전 만들기

 조직의 비전이 조직의 궁극적 목표로 조직을 미래로 이끄는 힘이 되듯이, 나의 비전은 나의 인생목표로 '나를 미래로 이끄는 힘'이 된다. 그러므로 비전이 있는 사람은 항상 동기가 충만하여 활기찬 삶을 살아간다. 담당업무에서 자신의 비전을 부단히 업그레이드하는 일을 생활화하여, 일 속에서 자아를 실현하면서 조직발전에 기여하는 유능한 지식근로자로 자리매김해야 한다.

 다음에 제시된 단계를 적용하여 '담당업무에서 자신의 비전'을 만들어보자.

> 나의 비전은 나에게 알맞아야 나를 미래로 이끌 수 있다. 이를 위해 아래에 제시한 '나의 비전 만들기'를 생활화하여 비전을 부단히 업그레이드하자. 이때 비전은 나를 미래로 이끌게 된다.

 비전의 창출은 심층적인 '자기 분석과 성찰'에서 출발한다. 자신의 잠재력을 충분히 자각해야 '자신에게 알맞으며 실현 가능한 비전'이 만들어질 수 있기 때문이다.

비전의 창출은 6개 단계로 구성된다. 1-3단계는 '자기 분석과 성찰'의 단계이고, 4-6단계는 '비전창출' 단계이다(김길룡, 2017: 208-210).

· 1단계(소우주로서 나의 자각): 개개인은 하나의 소우주이다. 나 자신을 무한한 잠재력을 가진 소우주로 인식하자. 이때 비전 창출을 위한 열망이 발산된다.

· 2단계(두뇌 속 아이디어 포착): 소우주로서 나의 두뇌 속에는 '담당업무 개선을 위한 아이디어'가 항상 샘솟고 있다. 이 아이디어를 포착하여 아래에 정리한다.

・3단계(과거 성찰): 나의 과거 역사를 돌아보고 생애의 최고점과 최저점을 포착한다. 그리고 "왜 최고점을 가져오고, 또 왜 최저점을 가져오게 되었는가"를 깊이 성찰한다. 이로부터 나의 잠재력을 자각한다.

(1) 최고점과 나의 성찰

(2) 최저점과 나의 성찰

(3) 나의 잠재력

・4단계(역할 탐색과 개괄적 진술): 위 2단계 및 3단계의 결과(담당업무 개선을 위한 아이디어와 나의 잠재력)를 나 자신에게 피드백 하여, "내가 어떤 역할을 해야 그 아이디어를 실현할 수 있는가"를 탐색한다. 그리고 '탐색한 역할'을 개괄적으로 진술한다. ⇒ 개괄적 비전

・5단계(가설 설정): 먼저 위 '개괄적 비전'을 성취하기 위해 수행해야 할 과제 3가지를 설정한다. 다음으로 각 과제별로 '그 성취를 위해 수행해야 할 일 4가지'를 열거한다. 끝으로 '열거한 것 12가지'를 하나로 모아 실천해야 할 순서대로 정렬한다. ⇒ 가설 목록

(1) 과제

①

② _____

③ _____

(2) 과제 성취를 위해 수행해야 할 일들

과제 ①

- _____
- _____
- _____
- _____

과제 ②

- _____
- _____
- _____
- _____

과제 ③

- _____

-
-
-

(3) 위 '열거한 것 12가지'를 하나로 모아 실천해야 할 순서대로 정렬 ⇒ 가설 목록

-
-
-
-
-
-
-
-
-
-
-
-

・

・6단계(가설 점검과 표출): 먼저 위 '가설 목록' 각각에 대해 그 '실천가능성'을 검토하고 수정 보완한다. 다음으로 아래에 수정 보완한 것들을 정리하여 가설을 표출한다. ⇒ 구체적 비전

・

・

・

・

・

・

・

・

・

・

제4장 예측능력 기르기

2030 일터는 지식경영을 통해 경쟁력을 높인다. 조직이란 환경에 놓여 살아가는 유기체, 즉 개방체제여서 자신을 둘러싼 환경변화에 탄력적으로 대응해야 생존, 발전할 수 있기 때문이다. 지식이 경쟁력인 지식사회가 도래하면서 경영환경이 급변하고 있는 지금, 조직구성원은 프로페셔널로서 '예측 전문가'가 되고 팀은 '예측 팀'이 되어, 조직을 둘러싼 환경변화추세를 예측하고 이에 탄력적으로 대응하는 지식을 밝힌 후, 해당 지식을 창출, 공유 및 적용하여 창의적 성과를 내는 '지식경영'을 실천해야 한다.

'예측 팀'은 팀 활동을 통해 조직을 둘러싼 환경변화추세를 예측하고 최우선으로 대응해야 할 추세를 선정한 후(선택), 이에 탄력적으로 대응하는 방안을 만들고 그 성취를 위한 노력을 집중시켜(집중) 창의적 성과를 내야 한다. 이렇듯 조직의 발전은 '선택과 집중'의 결과이며, 그 출발점은 바로 '미래예측'이다.

프로페셔널로 기능하는 조직구성원은 필연적으로 예측능력을 갖추어야 한다.

여기서는 미래학, 미래학파, 예측의 기초, 예측방법 등 예측의 기초지식을 탐구함으로써, 미래예측에 대한 안목을 쌓고 예측능력을 키운다.

1. 미래학

미래학은 '미래에 대한 통찰력을 기르는 학문'이다. 미국은 자라나는 아이들에게 일찍이 미래 통찰력을 길러주기 위해, 1970년대부터 미래학을 초·중·고교의 정규교과로 편성하여 체계적으로 가르치고 있다. 지식사회가 도래하고 있는 우리도 하루속히 학교교육에 미래학을 도입하여 자라나는 학생들에게 일찍이 미래 통찰력을 길러주고, 직장에서도 미래학을 직무교육 과정으로 편성하여 사원들의 미래 통찰력을 진작해나가야 한다.

미래 통찰력을 길러주는 미래학의 중요성에 비추어, 여기서는 먼저 '미래학이란 무엇인가'를 살핀 후 미래학의 발달과 학문적 성격을 살핀다(김길룡, 2017: 166-168).

가. 미래학이란

미래는 예측의 토대 위에 창출된다. 미래학이란 바로 '예측을 하는 학문'으로, 미국을 비롯한 선진국과 신흥국에서 크게 성행하고 있다. 그러나 우리사회에서는 여전히 미래학을 예측이 아닌 '예언'을 하는 추상적·사변적인 것으로 보고 있어 그 발전이 지체되고 있다. 미래학에 대한 사고의 전환이 시급히 요구된다.

예언과 예측은 어떻게 다른가?

'예언(豫言, prediction)'은 '인간은 미래를 알 수 있다'라는 관점에서 출발한다. 이에 앞을 내다볼 수 있는 탁월한 '예지력(豫知力)'을 가진 사람이 '결정론적 시각'에서 어떤 대상의 미래 가능성에 대해 '단정적으로' 진술한다. 이것이 예언이다. 탁월한 예지력을 가진 사람이 결정론적 시각에서 단정적으로 던지는 말이어서, 예언을 듣는 사람으로 하여금 점차 운명론에 빠져들게 한다. 운명론에 깊이 빠져들면 운명에 기대어 살고자 하여 스스로 미래를 개척하려는 의지와 노력이 유발되지 않는다. 그렇기에 예언이 성행하는 사회일수록 문명 발달의 속도가 느리고 예언자가 리더가 되는 경향이 있다.

이에 반해 '예측(豫測, future study)'은 '인간은 미래를 알 수 없다'라는 관점에서 출발한다. 인간은 미래를 알 수 없다. 한 치 앞도 모른다. 단지 가능성을 추정할 뿐이다. 인간은 미래를 알 수 없기에, '가능성 중심 미래시각'에 입각하여 어떤 대상의 미래 가능성을 일정한 '방법론'을 적용하여 과학적으로 밝힌다. 이것이 예측이다. 주된 방법론으로 추세외삽, 시나리오작성법, 델파이조사법, 교차영향분석법, 시뮬레이션 등이 있으며, 이들 방법론의 적용은 예측하는 사람으로 하여금 미래에 대한 통찰력을 한껏 발휘하게 한다. 곧 예측이란 '가능성 중심 미래시각 아래 과학적 방법론을 적용하여 어떤 대상의 미래 가능성을 밝히는 일'이다.

예측의 결과에는 긍정적인 것들과 부정적인 것들이 공존하는데, 여기에는 국가·지역사회·직장 또는 나 자신의 발전을 위해 반드시 대응해야 할 것들이 담겨있다. 우리는 이것을 선택하고 이에 탄력적으로 대응하기 위한 집중적인 노력을 가한다(선택과 집중). 부정적인 것에는 피하기 위한, 긍정적인 것에는 적극 성취하기 위한 집중적인 노력을 가한다. 이렇게 하여 국가·지역사회·직장 또는 나 자신은 밝은 미래를 맞이하게 된다.

이렇듯 우리의 미래는 '선택과 집중'의 결과로 나타나는데, 바로 예측을 통해 '선택을 위한 메뉴'가 제시된다. 예측은 미래를 창출하는 토대가 되는 것이다. 그렇기에 "미래는 예측의 토대 위에 창출된다"고 말한다. 예측은 이만큼 유용하고 실용적이다. 이 점에서 흔히 경제학과 미래학을 '현대인의 필수소양'이라고 한다. 미래학적 소양을 길러 미래 통찰력을 키워나가야 한다.

> ♠ 탐구활동
>
> 우리는 예언에서 예측으로 전환해야 합니다. 예언과 예측은 어떻게 다릅니까?

나. 미래학의 발달과 학문적 성격

위에서 살폈듯이 미래학은 과학적 방법론을 적용하여 어떤 대상의 미래 가능성을 밝히는 학문이다. '예측방법론'의 적용과 함께 출현한 미래학은 예측방법론이 체계적으로 정립되면서 발전을 거듭하며 오늘에 이르고 있다. 미래학의 발달과정을 간략히 살펴본다(한국미래학연구원, 1995: 1-3 ; 김길룡, 2017: 169-170).

독일 나치즘을 피해 미국으로 망명한 독일의 사회과학자 오시프 플레이트하임(Ossip K. Flechtheim)은 1944년에 최초로 '미래학(Futurology)'의 개념을 제시했는데, "학제적 연구를 통해 어떤 대상의 미래 가능성을 밝히는 학문"으로 정의하였다. '학제적(學際的) 연구'란 학문 간 경계를 아우르는 다학문적 접근을 하는 것을 이르는데, 이 시기에 미국의 보수성향 싱크탱크인 '랜드연구소(RAND)'는 최초로 학제적 연구를 통해 미래연구 프로젝트를 수행하였다.

이후 1960년대에 들어 세계미래학회(World Future Society, 1966), 허드슨연구소(Hudson Institute, 1961) 등 미래연구소의 주도로 예측방법론이 정립되면서, 미래학은 하나의 학문영역으로 정착되기 시작하였다. 1970년대에 들어 미국의 각급 학교들이 '미래학'을 교과교육과정에 도입하면서 미래학은 그 저변이 크게 확대되었다. 특히 이 시기에 예측한 '정보화사회'가 1980년대 말 실제로 대두되면서 미래학은 사회적 공감대를 형성하였다.

이후 1980년대 말부터 1990년대 초에 이루어진 미래연구는 21세기를 위한 이론과 가설을 충분히 내포하여 21세기를 개척하는 지침으로 작용하였다. 21세기에 들어 과학기술의 급진전은 예측방법론을 더욱 정교화하여 미래학의 영역을 한층 확대하고 세분화하고 있다.

이렇게 발달한 미래학의 학문적 성격을 살펴본다(한국미래학연구원, 1995: 3-5 ; 김길룡, 2017: 170-172).

미래학은 두 가지 성격을 가지고 있는 학문이다. 하나는 위에서 언급했듯이 학문 간 경계를 아우르는 '학제적 연구'를 통해 어떤 대상의 미래 가능성을 밝히는 학문이라는 점이다. 미래를 연구하는 방법은 사람에 따라 다양하다. 어떤 사람은 유토피아·반유토피아의 창안이나 공상과학소설과 같은 창조 문학적 접근을 하고, 어떤 사람은 과학적 원칙을 엄격히 적용하여 미래를 탐구한다. 이렇듯 각자 나름의 독창적인 방법으로 미래를 탐구하기에, 미래학은 과학적·관념적·공상적 요소가 공존하는 독특한 학문영역이라 할 수 있다.

또 하나는 '미래학은 시간에 밀접히 연계된 학문'이라는 점이다. 시간은 과거에서 현재를 거쳐 미래로 나간다. 현재는 곧 과거가 되고, 미래는 곧 현재로 다가온다. 이에 현재 속에는 과거와 미래가 공존하여 우리는 현재 속에서 미래를 읽는다.

시간은 공간 속에 존재하며, 이 공간 속에서 시간 흐름에 따라 사람들이 각자의 철학과 이해관계에 따라 역동적으로 상호작용하면서 어떤 사건을 만든다. 그러므로 공간 속에는 시간 흐름에 따라 어떤 사건의 맥락(앞뒤 상황 논리)이 흐른다. 이렇듯 시간·공간·맥락이 하나로 결합하여 어떤 사건이 만들어진다. 이 점에서 시간의 흐름이란 곧 '역사의 흐름'이며, 이런 의미를 가진 시간은 과거에서 현재를 거쳐 미래로 흐르는 것이다.

<그림 3-1> 과거·현재·미래의 공존

이에 따라 내가 관찰자가 되어 현재로부터 시간을 되돌려 과거 어느 시점으로 투사하면(backcasting) 그 시점의 역사적 사건들을 찾아낼 수 있다. 여기에 '역사적 통찰력'을 가하여 체계화하면 과거 역사가 구성된다. 이와 마찬가지로, '가능성 중심 미래시각' 아래 현재로부터 시간을 앞으로 전진시켜 미래 어느 시점으로 투사하면(forecasting) 그 시점의 발생 가능한 사건들을 찾아낼 수 있고, 여기에 '미래 통찰력'을 가하여 체계화하면 '미래 역사'가 구성된다.

이렇게 보면 미래학이란 '미래 역사를 만드는 일'이라고 할 수 있다. 곧 미래의 역사가 어떤 시간과 어떤 공간 속에서 어떤 맥락을 가지고 구성될 것인가를 탐구하는 일이다. 미래 역사 구성을 위해서는 먼저 과거 역사 통찰과 현재 분석을 하고, 이 토대 위에 시간의 흐름을 명확히 유지하면서 미래를 통찰할 것이 요구된다(김길룡, 2013: 56-58).

2. 미래학파

미래는 어떻게 열리는가?

이에 대한 관점에 따라 외삽주의(外揷主義), 전이주의(轉移主義), 급진주의(急進主義) 등 3가지 미래학파가 존재한다. 각 학파의 특징을 살펴본다(김길룡, 2013: 58-64 ; 하인호, 2009: 50-82).

가. 외삽주의

시간은 과거에서 현재를 거쳐 미래로 흐르고 이에 따라 미래가 열린다는 관점이다. 위에서 살폈듯이 시간은 공간 속에 존재하며, 공간 속에는 시간 흐름에 따라 어떤 사건의 맥락이 흐른다. 시간·공간·맥락이 하나로 결합하여 어떤 사건이 만들어지며, 이 점에서 시간의 흐름은 역사의 흐름과 같다. 바로 이런 의미를 가진 시간은 과거에서 현재를 거쳐 미래로 나간다. 이 말은 과거, 현재, 미래는 연속적인 것으로, 과거와 현재의 추세가 이어져 미래가 열린다는 것이다.

이 관점 아래 현재로부터 과거를 투사하여 어떤 추세의 특성을 밝히고(추세분석), 밝혀진 추세 특성을 미래로 투사하여 그 추세의 미래를 예측한다(추세외삽). 이에 따라 기대하는 미래 모습은 '양적으로 변화된 미래', '점진적으로 개선된 미래'이다.

<그림 3-2> 칸의 복합적 장기추세 모형

① 감각문화의 급증	→	급격한 하향
② 기술공학적 지식 축적	→	순수 이론 틀 강조
③ 기술공학의 제도화	→	우연적인 발명과 발견의 중요성 강조
④ 자본가적·관료적 엘리트의 역할 증가	→	지성적·기술공학적 엘리트의 역할 증가
⑤ 서구의 군사력 증가	→	비서구권의 대량살상무기와 핵 확산 및 테러리즘 확산
⑥ 서구문화 지역 증가	→	토착문화와 소수민족 문화의 재발견
⑦ 풍요로움의 증가	→	인류평등주의 강조
⑧ 세계인구 증가	→	한계점 육박
⑨ 도시화	→	교외지역의 도시화
⑩ 거시환경적 쟁점에 대한 우려	→	지구의 유한성, 환경의 유한성에 대한 우려
⑪ 1·2차 산업 감소	→	3차 산업 감소와 4차 산업 증가
⑫ 개발 지향의 합리적 사고와 기획 강조	→	비합리성·초합리성 강조

대부분의 미래학자들은 이미 알려져 있는 사실이나 자료를 기초로 '외삽적 탐구'를 통해 알고자 하는 것에 대한 판단을 추

정하는 외삽주의자이다. 외삽주의적 예측방법이 추세외삽(Trend Extrapolation)이며, 모든 예측의 기초가 된다. 대표자 허만 칸(Herman Kahn)은 랜드연구소에서 시나리오작성법을 개발한 후, 1961년에 허드슨연구소를 창립하고 예측방법론의 정립을 주도하였다. 칸은 1979년에 '12가지 복합적 장기추세 모형'을 제시했는데, 이는 21세기 추세로 나타났다(Kahn, 1979: 27-30).

♠ 탐구활동

귀하를 둘러싸고 있는 '점진적 변화 추세'를 찾아보시오. 그리고 이것이 귀하의 직업생활에 미치는 영향을 생각해보시오.

나. 전이주의

미래는 패러다임[1] 전환에 따라 열린다는 관점이다. 즉 기존

---

[1] 이 사회에는 인간들이 각자의 철학·가치관·이해관계 등에 따라 역동적으로 상호작용하며 삶을 살아간다. 이 와중에 무수한 사회현상들이 만들어진다. 이 현상들은 제멋대로 움직이는 것이 아니라 일정한 원리 아래 작동된다. 사람들은 모든 현상을 작동하는 모든 원리를 포섭하고 있는 '기본 틀'이 존재한다고 상정하였는데, 이것이

의 패러다임이 하강하고 새로운 패러다임이 상승하는 교차점에 변화의 경계가 생기고, 이것을 분기점으로 한 형태로부터 다른 형태로의 '질적 전환'이 이루어져 미래가 열린다는 것이다. 변화의 경계를 중심으로 '신세계 A에서 신세계 B로의', '산업사회에서 후기산업사회로의', '지식기반사회에서 지식사회로의' 전환이 이루어진다. 이에 따라 기대하는 미래 모습은 '질적으로 변화된 미래', '질적으로 전환된 미래'이다.

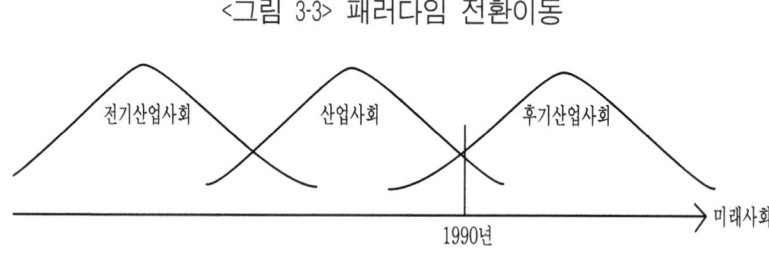

<그림 3-3> 패러다임 전환이동

패러다임이다. 곧 '사회를 지배하는 근원적인 원리'를 이르는 말이다. 그런데 원리들을 정연하게 체계화한 것이 '이론(理論)'이므로, 패러다임은 곧 '사회를 지배하는 근원적인 이론체계'라고 할 수 있다. 이론은 어떤 현상을 체계적으로 설명하고, 해석하고, 효율적으로 이끄는 작용을 한다. 이 점에서 패러다임은 그 사회의 모든 현상을 체계적으로 설명하고, 해석하고, 효율적으로 이끄는 근원적인 이론체계로 작용한다(하인호 외, 2002: 184-186 ; 김길룡, 2012: 33-36).

<그림 3-4> 나이스비트의 새로운 방향

대표자는 다니엘 벨(Daniel Bell)과 존 나이스비트(John Naisbitt)이다. 벨은, 기존의 산업사회는 1980년대 말을 분기점으로 후기산업사회로 전이할 것으로 예측하고 그 특성과 구조를 제시하였다. 벨이 제시한 후기산업사회는 서비스사회, 인간중심사회, 정보화사회, 학습사회 그리고 지식사회의 특성을 나타내는 사회이다. 실제로 1990년대에 들어 선진국을 비롯한 많은 중진국들이 후기산업사회로 진입하였다. 후기산업사회는 정보화사회를 기본특성으로 하며, 정보화사회는 학습사회를 기반으로

길러야 할 역량 ▌ 223

지식사회로 발전한다('제2부 제1장 1. 대변혁의 속성'에서 벨이 예측한 '후기산업사회의 특성과 구조'를 제시함).

나이스비트는 그의 저서 '메가트렌드(Megatrends)'에서 미국을 비롯한 '현대사회의 10가지 전이방향'을 제시하였다(Naisbitt, 1982).

> ♠ 탐구활동
>
> 귀하를 둘러싸고 있는 '전환적 변화 추세'를 찾아보시오. 그리고 이것이 귀하의 직업생활에 미치는 영향을 생각해보시오.

다. 급진주의

외삽주의 및 전이주의와 달리, 급진주의는 과거·현재·미래는 불연속적인 것, 즉 서로 분리된 것으로 본다. 한 사회 내에서 모순, 갈등, 불만족 등이 기존의 문화와 가치관을 휩쓸 정도의 포화상태에 이르면 총체적 위기가 오는데, 여기에 충격이 가해지면 총체적 혁신이 발생하여 미래가 열리는 것으로 본다. 전이주의자는 수십 년이나 한 세기 동안의 변화(진화론)를 기대하는데 반해, 급진주의자는 비록 혁명의 씨앗은 오래전부터 싹트고 있었을지라도 수년이나 10년 이내의 급진적인 변화를 기대하며 창조적 파괴를 강조한다. 이들은 뿌리째 흔드는 극단적 변화와 완전한 혁신도 가능하다고 본다. 이에 따라 기대하는 미래 모습은 '창조적으로 파괴된 미래', '총체적으로 혁신된 미래'이다.

그동안 외삽주의 및 전이주의가 주류를 형성하였다. 그러나 지금 환경오염과 이상 기후, 자연재해, 생태계 파괴, 인종 및 종족 갈등, 종교분쟁, 테러리즘 등이 심화되면서 현세에 대한 불만과 비판이 고조되어 급진주의가 부각하고 있다. 여기에 과학기술의 진전에 따른 예측방법의 정교화는 급진주의적 예측을 촉진하고 있다.

> ♠ 탐구활동
> 귀하를 둘러싸고 있는 '급진적 변화 추세'를 찾아보고, 이것이 귀하의 직업생활에 미치는 영향을 생각해보시오.

3. 예측의 기초

가능성 중심 미래시각, 예측의 가치, 예측의 형태 등 예측의 기초이론을 살펴 미래예측의 본질을 이해한다(Martelli, 2001: 57-74 ; 한국미래학연구원, 2000.12: 11-20 ; 김길룡, 2013: 65-71).

가. 가능성 중심 미래시각

위에서 살폈듯이, 예측이란 가능성 중심 미래시각 아래 과학적 방법론을 적용하여 어떤 대상의 미래 가능성을 밝히는 일이다. 이렇듯 미래예측은 '가능성 중심 미래시각'에서 출발한다. 가능성 중심 미래시각을 갖지 않으면 미래예측은 존재할 수 없고, 이에 따라 미래학도 존재하지 않는다.

조직은 자신을 둘러싼 환경변화에 탄력적으로 대응함으로써 생존, 발전하는 개방체제이다. 생존과 발전을 위해 조직은 필연적으로 환경변화에 탄력적으로 대응해야 한다. 그러므로 조직구성원은 다음과 같은 '예측활동'을 일상화해야 한다.

먼저 조직구성원은 예측 전문가로서 '가능성 중심 미래시각'을 가지고 각자의 관점에서 조직을 둘러싼 환경변화추세를 예측한다. 다음으로 이들의 예측결과들을 수합한 후, 팀 토의를 통해 내용별로 분류하고 이 중 최우선으로 대응해야 할 추세를 선택한다('선택적 미래' 창출). 다음으로 선택적 미래에 탄력적으로 대응하기 위한 방안을 만들고 그 성취를 위한 노력을 집중시켜(집중) 창의적 성과를 낸다. 이렇듯 조직의 발전은 '선택과 집중'의 결과로 나타나며, 그 출발점은 바로 '미래예측'이다. 미래예측이 창출하는 '선택적 미래의 풍요로움'으로부터 조직은 성장, 발전한다고 할 수 있다.

이와 같이 미래예측은 가능성 중심 미래시각 아래 '어떤 대상의 미래 가능성'을 탐구함으로써, 그 대상의 '발생 가능한' 다양한 미래를 제시해준다. 조직은 부정적 미래에는 피하기 위한 노력을, 긍정적 미래에는 적극 성취하기 위한 노력을 집중시킴으로써 밝은 미래를 맞이하게 된다. 한 조직이 발생 가능한 다양한 미래를 예측해 대비해 왔다면, 그 범주 내에서 발생하는 어떤 위험에도 효과적으로 대응할 수 있을 것이다. 이와 같이 미래예측은 보다 다양할수록 그리고 보다 포괄적일수록 효과적이어서, 조직구성원은 필연적으로 미래예측능력을 갖추어야 한다.

예측은 다양할수록 그리고 포괄적일수록 효과적이다. 조직구성원 각자가 예측을 하고 이들의 예측결과를 통합하면 탁월한 예측결과가 많이 산출되어, 여기서 창출되는 '선택적 미래'는 매우 풍요로워질 것이다. 예측 전문가로 기능하는 2030 일터의 구성원은 각자의 관점에서 주체적으로 예측을 한다. 이들은 미래를 낙관적으로 보는 낙관적 관점, 비관적으로 보는 비관적 관점, 낙관과 비관이 공존하는 변형적 관점 그리고 운명적으로 보는 운명적 관점을 가지고 예측을 한다. 각 관점은 모두 나름의 가치를 내포하고 있어, 이 모든 관점을 수용하여 '선택적 미래'를 풍요롭게 하는 지혜를 발휘해야 한다.

나. 예측의 가치

미래예측의 진정한 가치는 무엇인가? 정확성, 실현가능성, 유용성 중 어느 것에 우선적 초점을 두어야 하는가?

먼저 정확성을 살펴본다.

예측주제에 따라 예측의 기간이 달라진다. 일반적으로 투자자는 짧은 기간에 관심이 많고, 사업가는 표준사업계획선인 5년 정도에 관심이 많다. 예측기간이 짧을수록 예측은 정확하고, 예측기간이 길수록 부정확한 것은 당연한 이치이다. 그러나 장기예측이어서 정확성이 다소 낮다 하더라도, 장기에 걸쳐 '선택적 미래'를 성취하는 부단한 노력을 집중시켜 밝은 미래를 창조한다는 데 예측의 의의가 있는 것이다.

의학기술의 급진전으로 2050년에 신체 일부에 대체 장기를 사용하는 '인간을 넘어선 인간 시대(Trans-human Age)'가 열리고, 그 직후 신체 대부분에 대체 장기를 사용하는 '인간 이후의 인간 시대(Post-human Age)'가 열릴 것으로 예측한다(신지은 외, 2007: 292-294). 이것은 시간 흐름에 따른 의학기술의 진전으로 자연히 이루어진다기보다, '미래의 선택'을 하여 이 목표(선택적 미래)를 성취하기 위한 장기에 걸친 부단한 노력을 집중시킬 때 비로소 실현 가능하다는 말이다. 예측은 정확성이 중요하나

이에 너무 매몰되어서는 곤란하다는 것이다. 미래는 저절로 열리는 것이 아니라, 예측을 기반으로 인간이 창조해가는 것이기 때문이다.

실현가능성도 마찬가지이다.

'제2부 제1장'에서 제시했듯이 미래학계에서는 '미래의 시간범주'를, ① 바로 다가오는 미래(1년 이내), ② 가까운 미래(1-5년), ③ 중간 미래(6-20년), ④ 먼 미래(21-50년), ⑤ 아주 먼 미래(51년 이후)로 설정하고, '실현가능성'에 초점을 두어 '중간 미래 이내의 미래(20년 이하)'를 주된 '예측의 기간'으로 설정하고 있다. 그만큼 실현가능성이 중시되는 것이다. 같은 맥락에서 이 같은 미래의 시간범주는 일반적인 '계획의 기간' 설정에도 그대로 적용된다. 즉 위의 미래의 시간범주는 단기 계획(3년 이내, 바로 다가오는 미래 및 가까운 미래), 중기 계획(3-5년, 가까운 미래), 장기 계획(6년 이상, 중간 미래)과 맞물린다. 이는 기획에서도 실현가능성이 매우 중시됨을 의미한다. 그러나 정확성의 경우처럼, 실현가능성에 대한 지나친 집착은 예측의 본질을 경시하는 우를 범할 수 있다.

이상의 논의에서 보면, 미래예측의 진정한 가치는 '유용성'에 두어져야 할 것이다. 정확성이나 실현가능성이 다소 낮더라도 유용성이 잘 내포되어 있으면, 이 유용성은 미래 개척을 위한 중요한 지침, 즉 아이디어, 노하우, 콘텐츠 등으로 작용하게 된다. 미래는 결정되어 있는 것이 아니라, 예측을 기반으로 인간이 창조해가는 '노력의 산물'이기 때문이다. '타임머신', '터미네이터', '매트릭스' 등 공상과학 소설이나 영화는 공상적·신비적이어서 정확성과 실현가능성이 매우 낮아 보이지만, 인류가 지향해야 할 '미래의 비전'을 잘 담고 있고 미래의 본질적 요소들을 잘 묘사하고 있다. 이것들은 미래 개척을 위한 중요한 아이디어, 노하우, 콘텐츠 등으로 작용하게 된다. 그러므로 미래예측의 진정한 가치는 유용성에 두어져야 할 것이다.

다. 예측의 형태

적극적으로 개연성 중심 예측, 가능성 중심 예측, 당위성 중심 예측을 하여 조직의 발전과 혁신을 이끌어야 한다.

'개연성(蓋然性)'이란 어떤 일이 일어날 확실성의 정도, 즉 확률을 이른다. 필연성과 대조적인 개념으로, 인구동태, 범죄, 기후변화 등 자연현상이나 사회현상의 '발생 확실성의 정도'를 의미한다. 개연성 중심 예측은 '특별한 변수가 일어나지 않는 한 앞으로 그렇게 될 것'이라는 확률 중심의 양적 예측이다. "북태평양 고기압이 발달하지 않는 한, 비 올 확률 70%이다"라는 예측이다. 일기예보나 통계청에서 발표하는 모든 사회통계가 이에 속한다. 따라서 개연성 중심 예측은 모든 예측의 기초가 된다.

이와 달리 가능성 중심 예측은 관련 변수를 심층 분석하고 그 결과를 중심으로 일어날 수 있는 다양한 가능성을 밝히는 '질적 예측'이다. 가능성 중심 예측은 관련 변수를 중심으로 발생 가능한 다양한 미래 사건들을 제시함으로써, 조직으로 하여금 이에 탄력적으로 대응하기 위한 다양한 대안을 모색하게 해준다. 조직은 개연성 중심 예측은 물론, 가능성 중심 예측을 해야 환경변화에 탄력적으로 대응할 수 있다.

한편 당위성 중심 예측은 '우리의 미래는 이러해야 한다'라는 당위적 목표를 내건 후, 이 목표에 도달하기 위한 '바람직한 행동경로'를 추정해가는 가치 지향적 예측이다. 예컨대 문민정부 시절(1996) '세계화에 동참해야 선진국에 진입할 수 있다'는 당위적 목표를 내걸었다. 이를 위해서는 OECD에 가입해야 하고, OECD에 가입하면 글로벌 스탠더드를 준수해야 하고, 이에 따라 개인소득 2만 불 시대가 열려 선진국 진입이 가능하다는 추정을 하였다. 이렇듯 당위성 중심 예측은 '가치 지향적'이어서 정확성이 낮고 또한 권력유지 수단으로 악용될 소지가 있으나, 한편으로는 구성원의 동기를 유발하고 결속력을 강화한다는 점에서 유용하다고 할 수 있다. 미래는 결국 사람이 개척하는 것이기 때문이다.

조직은 당위성 중심 예측도 필요하다. 이 3가지 예측 모두를 수용하는 지혜를 발휘하여 조직의 발전과 혁신을 이끌어야 한다.

4. 예측방법

앞에서 살폈듯이 '예언(豫言)'이란 예지력을 가진 사람이 어떤 대상의 미래 가능성에 대해 던지는 주관적인 진술로, '결정론적 시각'에서 딱 잘라 판단하거나 결정을 내리는 '단정(斷定)'을 주로 한다. 연구방법에 의한 결과가 아니며 이를 뒷받침할 자료도 없다. 그렇기에 대안을 제시할 수 없고 인간이 받아들여야 할 운명적 책임만 따른다. 이에 반해 '예측(豫測)'은 과학적 연구방법을 통해 얻은 결과를 토대로 어떤 대상의 미래 가능성을 밝히고 그 대안을 제시한다는 점에서 의의가 크다. 예를 들어, 고령화사회에 대한 예측에는 '생산적 고령화사회의 구축'이나 '쌍방향 도제식 2인 1기업 구축' 등 그 대안이 제시된다. 우리는 예측을 기반으로 미래를 창조하기 때문이다.

인간은 '미래 지향성'을 갖는다. 그렇기에 인간은 과거를 성찰하여 과거를 현재에 연결하고, 현재로부터 미래를 전망하는 시간여행자이다. 인간은 시간을 여행하면서 시간경계(분기점)를 설정하고, 이를 중심으로 공간을 만들어 미래의 시공(時空)을 창출한다. 그리고 이곳에 채워질 인간들의 상호작용과 이에 따른 사회변화양상을 탐구한다.

나무의 줄기를 잘라 나이테를 살피면 그 나무의 속성을 알 수 있듯이, 시간경계를 설정하고 이를 중심으로 미래의 시공을 만들어보면 그 시점의 메가트렌드가 보인다. 글로벌 지식사회와 글로벌 시민사회, 인공지능사회, 드림 소사이어티, 돌봄경제사회 및 솔 매니지먼트 시대가 동시에 펼쳐지는 2030년경을 분기점으로 설정하고 이를 중심으로 미래의 시공을 만들어보면, 그 시점의 환경변화추세가 눈에 보인다.

이렇게 보면 결국 예측이란 어떤 미래의 시공을 만들고 그곳에 채워질 사회변화양상을 탐구하는 것이라고 할 수 있다.2) 이렇듯 인간의 미래 지향성은 예측활동을 촉진하여 미래학의 출현을 불러왔다. 미래학은 인간의 '미래 지향성'을 토대로 하는 학문이라는 점에서 우리 모두는 미래학자라고 할 수 있다. 미래학자는 일정한 예측방법을 동원하여 어떤 주제에 관한 많은 사람들의 미래 지향성을 집약하고, 이를 토대로 미래를 예측한다.

여기서는 지식 창출의 방법으로 많이 활용되는 추세외삽, 시나리오작성법, 델파이조사법을 중심으로 미래예측방법을 살펴본다.

---

2) '변화는 언제나 작용하고 있는 불변의 힘'으로, 변화가 폭증하고 있음은 그만큼 새로운 미래가 역동적으로 펼쳐지고 있음을 의미한다. 그러므로 변화는 회피하거나 두려워해야 할 대상이 아니라 적극 수용해야 할 삶의 현실이다. 변화는 필연적으로 수용해야 할 삶의 현실이므로, 우리는 부단히 환경변화추세를 예측해야 하는 것이다(김길룡, 2013: 152).

가. 추세외삽

추세(trend)란 '어떤 현상이 시간 흐름에 따라 규칙성과 속도를 가지고 일정한 방향으로 진행해나가는 힘'이다. 그러므로 추세는 기본적으로 '방향성, 속도, 안정성, 생명력' 등 4가지 특성을 가진 살아있는 유기체로 간주된다. 즉 하나의 추세는 증가·감소라는 방향성, 증가율·감소율이라는 속도, 증가·감소의 규칙성과 불규칙성이라는 안정성, 단기·중기·장기라는 생명력을 갖는다. 이러한 추세는 '연속성'을 기본속성으로 하며 특별한 우발적 변인 없이 과거에서 현재를 거쳐 미래로 나간다(Hass, 1988: 41 ; 김길룡, 2017: 189).

추세외삽(Trend Extrapolation)이란 '어떤 추세의 특성을 밝힌 후, 그 특성을 미래로 투사하여 해당 추세의 미래를 예측하는 방법'인데, 그 적용을 위해서는 반드시 해당 추세에 관한 누가기록이 유지되고 있어야 한다. 추세외삽을 위해 해당 추세의 특성을 밝히는 일이 '추세분석'이며, 기본적으로 다음과 같은 분석 작업이 따른다.

① 먼저 추세를 촉발하는 '저변요인들'을 밝힌다. 기대수명연장 추세는 소득증대에 따른 영양상태, 의료기술 및 건강관리 등의 진전에 따라 나타나듯이, 하나의 추세는 그 저변요인들의 역

동적인 상호작용의 결과로 나타난다. 그러므로 '해당 추세를 촉발하는 저변요인들은 무엇인가'를 밝히는 일이 선행되어야 한다.

② 이 저변요인들은 지속적인 것인가, 아니면 이미 한계점에 도달하고 있는가를 분석한다. 이를 기초로 증가율·감소율이라는 추세의 속도를 추정한다.

③ 해당 추세는 어떤 추세와 갈등하고 있는가를 분석한다. 예컨대 조기퇴직 추세는 경제활동인구의 고령화 추세와 갈등하고 있다. 이를 기초로 조기퇴직 추세의 감소라는 방향성을 추정한다.

④ 해당 추세의 순기능과 역기능을 밝힌다. 그리고 순기능을 강화하기 위한 어떤 노력이 이루어지고 있고, 역기능을 해소하기 위한 어떤 노력이 이루어지고 있는가를 분석한다. 이를 기초로 단기·중기·장기라는 추세의 생명력을 추정한다.

♠ 탐구활동

· 귀하의 주변에서 '증가 추세'를 보이는 현상과 '감소 추세'를 보이는 현상을 찾아보시오.
· 귀하의 주변에서 '장기 추세'를 보이는 현상과 '단기 추세'를 보이는 현상을 찾아보시오.

나. 시나리오작성법

시나리오작성법(Scenario Writing)은 허드슨연구소를 창립한 칸(Herman Kahn)에 의해 예측방법으로 개발되었다. 칸은 시나리오작성법을, "예측사건과 예측사건 간의 인과관계 탐색을 통해 '목표점에 이르는 경로'를 가설적으로 기술한 것"이라고 정의하였다. "예측사건에 영향을 미칠 변수는 무엇인가, 이것들은 예측사건에 어떻게 작용할 것인가, 그래서 이 예측사건은 어떤 예측사건을 가져올 것인가" 등을 깊이 탐색하여, 어떻게 목표점에 도달할 것인가를 추정한다. 이 추정을 통해 미래의 부정적 결과를 줄이는 동시에 긍정적 결과를 높인다. 이렇듯 예측사건과 예측사건을 통해 '목표점 도달경로'를 추정해나가는데, 각 예측사건은 서로 인과관계 구조를 갖는다.

'목표점에 도달하는 데 소요되는 시간범주의 틀 속에서 예측사건들의 발생순서 및 내적 일관성을 유지하는 일'이 이 예측방법의 요체이다. 이 원칙 아래 다음과 같은 작성기준을 준수할 것이 요구된다.

① 예측사건은 가능한 한 발생의 확률로 기술한다.
② 관련된 추세와 예측사건은 지속적으로 상호작용해야 한다.
③ 예측은 관련 분야의 발전상을 반영해야 한다.

이러한 시나리오작성법은 예측주제에 관한 많은 사람들의 다양한 아이디어를 표출 및 통합하고, 이를 기초로 미래를 예측하는 방법이라고 할 수 있다. 이에 어떤 주제에 관한 개개인의 '암묵지 표출방법'으로 많이 활용된다. 그러므로 '시나리오의 주제 설정'은 지식 창출의 출발점이 되는 중차대한 과정으로, <표 3-3>과 같은 절차를 통해 주제를 설정한다(김길롱, 2013: 175-176).

<표 3-3> 시나리오의 주제 설정 절차

단계	내용
1	조직의 당면과제 한 가지를 설정한다.
2	설정한 당면과제의 성취를 위해 해결해야 할 요인들을 선정한다.
3	선정한 요인들 중 비교적 '영향력'이 큰 요인을 추출한다.
4	이 중에서 비교적 '불확실성'이 큰 요인을 추출한다.

이상의 절차를 거쳐 최종 추출된 요인들은 당면과제를 성취하는 데 영향력이 크면서도 불확실성이 큰 요인들이다. 따라서 이 요인들은 당면과제의 성취를 위해 반드시 해결방안을 만들어 실천해야 할 것들로, 시나리오의 주제로 설정된다.

다음의 예시를 살펴보자(김길룡, 2013: 176-177).

♣ 당면과제: 행복한 결혼생활

첫째, 행복한 결혼생활을 위해 해결해야 할 요인들을 선정한다.

- 부부 간의 건강

- 경제력

- 가족이 함께하는 시간

- 건강한 자녀 출산

- 친구, 친척 간의 교류 및 유대감

- 배우자의 외도(신뢰감)

- 사업 또는 직장 내에서의 성공

- 부모, 형제 등 가족의 안녕

둘째, 위 선정한 요인들 중에서 비교적 '영향력'이 큰 요인을 추출한다.

- 배우자의 외도(신뢰감)

- 건강한 자녀 출산

- 부부 간의 건강

- 부모, 형제 등 가족의 안녕

- 경제력

셋째, 이 중에서 비교적 '불확실성'이 큰 요인을 추출한다.

- 배우자의 외도(신뢰감)

- 부모, 형제 등 가족의 안녕
- 경제력

넷째, 최종 추출된 3가지 요인을 '행복한 결혼생활을 위한 시나리오'의 주제로 설정한다.

<그림 3-5> 행복한 결혼생활을 위한 시나리오의 주제 설정

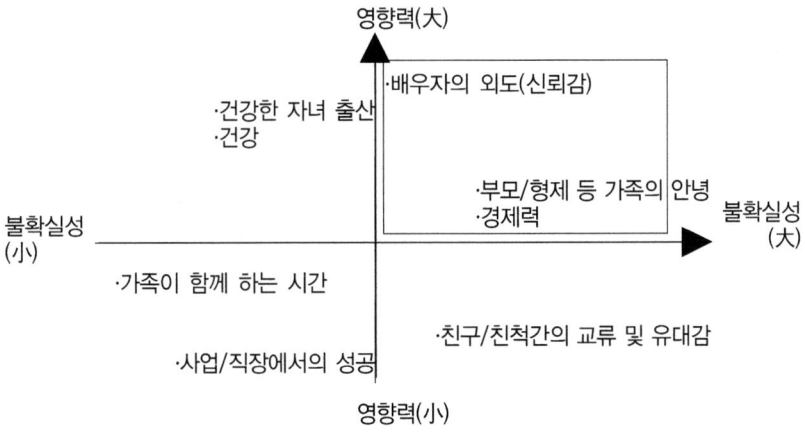

♠ 탐구활동

귀하의 당면과제 한 가지를 설정하고, 위의 절차를 적용하여 당면과제 성취를 위한 시나리오의 주제를 설정하시오.

다. 델파이조사법

'델파이(Delphi)'란 용어는 고대 그리스신화에 나오는 태양신이며 예언의 신인 '아폴론'이 미래를 통찰하고 신탁(神託)을 했다는 '델포이신전'에서 유래되었다. '델파이조사법(Delphi Technique)'은 1950년대 초 미국 랜드연구소 선임연구원 핼머(O. Helmer)가 '국방기술 수요 예측을 위한 전문가 의견수렴방법'으로 개발한 데서 비롯되었다. 극심한 냉전기였던 1950년대 초 신무기 개발 프로젝트를 추진한 미국 정부는 그 기초연구로서 '국방기술 수요 예측'의 필요성을 절감하고, 이 연구를 랜드연구소에 위탁하였다. 핼머는 해당 주제 관련 전문가들의 의견을 한 점에 일치시키는 것이 이 연구의 요체라고 판단하고 그 방법을 개발하였다. 이것이 델파이조사법이다.

"뛰어난 한 사람의 예측보다 보통 사람들의 두뇌를 합친 예측이 정확하고 신뢰성이 있다"라는 평범한 원칙에 근거를 두는 델파이조사법은, 조사문항에 대한 전문가들의 의견을 한 점에 일치시키는 방법이다.

해당 주제 관련 전문가들을 대상으로, 익명으로, 동일한 조사를 3차례 반복 실시한다. 2차 조사부터 참여자들에게 조사결과를 피드백 해주고(2차 조사 시 1차 조사결과를, 3차 조사 시 2차 조사결과를 피드백), 참여자들은 이를 참조하여 자신의 의견을 수정해나간다. 이 과정을 거치면서 각 문항에 대한 참여자들의 의견은 한 점에 일치하게 된다. 3차 조사를 마치면 의견 수정이 99% 완료되어 의견일치에 도달한다(Hass, 1988: 49-50 ; 김길룡, 2017: 61-62).

이 같은 델파이조사는 <표 3-4>와 같은 절차를 통해 수행된다.

<표 3-4> 델파이조사 절차

단 계	내 용
1	델파이 문항을 개발하고 델파이 조사지를 만든다.
2	1차 조사: 델파이 조사지를 참여자에게 배부한다. 참여자는 1차 조사를 실시한다. 회수된 조사지의 문항별 평균값을 구한다.
3	2차 조사: 1차 조사와 동일한 조사지와 1차 조사결과(참여자의 전체의견)를 배부한다. 참여자는 1차 조사결과를 참조하여 문항별로 자기 의견을 수정한다(1차 수정). 회수된 조사지의 문항별 평균값을 구한다.
4	3차 조사: 1차 조사와 동일한 조사지와 2차 조사결과(수정된 전체의견)를 배부한다. 참여자는 2차 조사결과를 참조하여 문항별로 자기 의견을 다시 수정한다(2차 수정). 회수된 조사지의 문항별 평균값을 구한다. 3차 조사를 마치면 의견수정이 99% 완료되어 의견일치에 도달한다.
5	각 문항의 우선순위를 정하고 체계화한다.

다음의 예시를 살펴본다(김길룡, 2017: 74-79, 195-198).

(1) 델파이조사 절차

① 1차 조사: 개발된 델파이 조사지에 1차 조사를 실시한다. 문항별 평균값(소수점 첫째 자리)을 구하고, 이것을 2차 조사지의 각 문항 끝 '(   )'에 기입한다.

② 2차 조사: 2차 조사를 실시한다. 2차 조사지는 1차 조사와 동일한 조사지와 1차 조사결과로 구성된다. 각 문항 끝 '(   )'에 제시된 1차 조사결과는 '참여자의 전체의견'이다. 참여자는 1차 조사결과를 충분히 참조하여 문항별로 자신의 의견을 수정한다. 문항별 평균값(소수점 첫째 자리)을 구하고, 이것을 3차 조사지의 각 문항 끝 '(   )'에 기입한다.

③ 3차 조사: 3차 조사를 실시한다. 3차 조사지는 1차 조사와 동일한 조사지와 2차 조사결과로 구성된다. 각 문항 끝 '(   )'에 제시된 2차 조사결과는 '수정된 전체의견'이다. 참여자는 2차 조사결과를 충분히 참조하여 문항별로 자신의 의견을 다시 수정한다. 문항별 평균값(소수점 첫째 자리)을 구한다.

(2) 예시

아래의 문항내용은 글로벌 지식사회와 글로벌 시민사회, 인공지능사회, 드림 소사이어티, 돌봄경제사회 및 솔 매니지먼트 시대의 대두에 따라, 2020년대를 거쳐 2030년대로 이어질 우리 사회의 변화양상들이다('제2부 제3장'에서 이 변화양상들을 '12가지 사회변화'로 집약하여 제시함).

이에 대한 델파이조사를 통해 '각 문항내용의 발생 시기'를 추정해보자.

♣ **한국의 사회변화예측 델파이조사(1차)**

지금 글로벌 지식사회와 글로벌 시민사회, 인공지능사회, 드림 소사이어티, 돌봄경제사회 및 솔 매니지먼트 시대가 대두함에 따라, 2020년대를 거쳐 2030년대로 이어지며 우리사회에는 아래의 문항내용과 같은 변화가 나타날 것으로 전망됩니다.

귀하는 각 문항내용이 언제 일어날 것으로 생각합니까? 귀하의 의견을 1, 2, 3, 4, 5 중에서 하나를 선택하여 표기하시오.

*1=2025-2027년, 2=2028-2030년, 3=2031-2033년

4=2034-2036년, 5=2037년 이후

1. 조직체별로 역사상 초유의 구조조정이 일어난다.	1 2 3 4 5
2. 대도시에서 소도시로, 도시에서 농촌으로 대대적인 인구이동이 일어난다.	1 2 3 4 5
3. 홈스쿨링이 보편화된다.	1 2 3 4 5
4. 고령층이 새로운 인력으로 각광받는다.	1 2 3 4 5
5. 많은 기업들이 시골로 이전한다.	1 2 3 4 5
6. 주거지역별로 재택근무 사무실이 설치된다.	1 2 3 4 5
7. 가족중심 친환경 의식주생활이 이루어진다.	1 2 3 4 5
8. 돌봄경제 시대가 본격화한다.	1 2 3 4 5
9. 꿈과 상상력을 자극하는 레저산업이 번창한다.	1 2 3 4 5
10. 젊은이들의 해외이주가 급증한다.	1 2 3 4 5

♣ 한국의 사회변화예측 델파이조사(2차)

문항 끝 '(   )'에 제시된 '1차 조사결과(참여자의 전체의견)'를 참조하여 각 문항에 대한 귀하의 의견을 수정하기 바랍니다.

*1=2025-2027년, 2=2028-2030년, 3=2031-2033년

4=2034-2036년, 5=2037년 이후

1. 조직체별로 역사상 초유의 구조조정이 일어난다.( )	1 2 3 4 5
2. 대도시에서 소도시로, 도시에서 농촌으로 대대적인 인구이동이 일어난다.( )	1 2 3 4 5
3. 홈스쿨링이 보편화된다.( )	1 2 3 4 5
4. 고령층이 새로운 인력으로 각광받는다.( )	1 2 3 4 5
5. 많은 기업들이 시골로 이전한다.( )	1 2 3 4 5
6. 주거지역별로 재택근무 사무실이 설치된다.( )	1 2 3 4 5
7. 가족중심 친환경 의식주생활이 이루어진다.( )	1 2 3 4 5
8. 돌봄경제 시대가 본격화한다.( )	1 2 3 4 5
9. 꿈과 상상력을 자극하는 레저산업이 번창한다.( )	1 2 3 4 5
10. 젊은이들의 해외이주가 급증한다.( )	1 2 3 4 5

길러야 할 역량

♣ **한국의 사회변화예측 델파이조사(3차)**

문항 끝 '( )'에 제시된 '2차 조사결과(수정된 전체의견)'를 참조하여 각 문항에 대한 귀하의 의견을 수정하기 바랍니다.

*1=2025-2027년, 2=2028-2030년, 3=2031-2033년

4=2034-2036년, 5=2037년 이후

1. 조직체별로 역사상 초유의 구조조정이 일어난다.( )	1 2 3 4 5
2. 대도시에서 소도시로, 도시에서 농촌으로 대대적인 인구이동이 일어난다.( )	1 2 3 4 5
3. 홈스쿨링이 보편화된다.( )	1 2 3 4 5
4. 고령층이 새로운 인력으로 각광받는다. ( )	1 2 3 4 5
5. 많은 기업들이 시골로 이전한다. ( )	1 2 3 4 5
6. 주거지역별로 재택근무 사무실이 설치된다. ( )	1 2 3 4 5
7. 가족중심 친환경 의식주생활이 이루어진다. ( )	1 2 3 4 5
8. 돌봄경제 시대가 본격화한다.( )	1 2 3 4 5
9. 꿈과 상상력을 자극하는 레저산업이 번창한다.( )	1 2 3 4 5
10. 젊은이들의 해외이주가 급증한다.( )	1 2 3 4 5

3차 조사결과는 '재수정된 전체의견'으로, 곧 각 문항에 대한 '일치된 전체의견'이다. 3차 조사결과 '평균값 3.0 미만 문항'은 비교적 빨리 일어날 사건들로, 시급히 대안을 마련하여 실천해야 할 것들이다.

이에 속하는 문항을 추출하고 아래의 <표 3-5>에 평균값이 작은 순으로 우선순위를 매긴 후, 평균값과 발생 시기를 적는다.

<표 3-5> 한국의 사회변화예측

순위	문 항	평 균	발생 시기

길러야 할 역량 | 247

참고문헌

곽상만 외. 학습조직의 이론과 실제. 서울: 삼성경제연구소, 1996.
김길룡. 지식사회의 대학문화. 서울: 백산서당, 2007.
_____. 지식근로자. 서울: 백산서당, 2012.
_____. 미래학 수련. 서울: 백산서당, 2013.
_____. 지식경영·학습조직·예측의 시너지. 서울: 백산서당, 2017.
김길룡·박병두. 우리아이 꿈 만들기 프로젝트. 서울: 백산서당, 2020.
_____. 나의 꿈 만들기 프로젝트. 서울: 백산서당, 2021.
김병성. 교육사회학. 서울: 학지사, 2017.
박숙희·염명숙. 교수-학습과 교육공학. 서울: 학지사, 2013.
신지은 외. 미래혁명. 서울: 일송북, 2007.
윤순봉 외. 지식경영과 한국의 미래. 서울: 삼성경제연구소, 1999.
윤정일 외. 교육행정학원론. 서울: 학지사, 2015.
임정훈·한기순·이지연. 교육심리학. 서울: 양서원, 2014.
하인호. 투 더블유 중심권 신세계 질서. 서울: 삼성경제연구소, 2004.
_____. 한국인의 선택적 미래 2020. 서울: 학지사, 2005.
_____. 한국인의 힘: 7가지 미래창조 메가트렌드. 서울: 인간사랑, 2006.
_____. 솔 매니지먼트. 서울: 일송북, 2008.
_____. 미래학이란 무엇인가. 서울: 일송북, 2009.
하인호·김길룡. 지식사회 청소년 프로그램. 교보생명 대안학교지원사업기금 연구보고서(2009.12).
하인호·김길룡·김명철. 보수교육 신설 및 공단의 역할방안에 관한 연구. 한국산업인력공단 연구보고서(2003.12).
하인호·김길룡·김병선·장동현. 디지털 지식사회 마인드. 서울: 미래지식산업, 2002.
한국미래학연구원. 미래학의 성격과 연구방법. 한국미래학연구원 연구보고서

(1995.11).

_____. 지식경영 능력개발 프로그램. 문화관광부 지적소유권 등록 제000151호(2000.3).

_____. 새천년 마인드와 사고 갖추기. 한국미래학연구원 연구보고서(2000.12).

_____. 한국 2030 미래 대전망. 한국미래학연구원 연구보고서(2017.12).

Aburdene, Patricia. *Megatrends 2010: The Rise of Conscious Capitalism*. Hampton Roads Publishing Co., 2007.

Applebaum, Herbert. "Work and Its Future," *Futures*, 24:4, May 1992.

Bell, Daniel. "The Third Technological Revolution: and Its Possible Socioeconomic Consequences," *Dissent*, 36:2, Spring 1989.

Bell, Daniel. *The Coming of Post-industrial Society: A Venture in Social Forecasting*. New York: Basic Books, 1973.

Boyett, Joseph H. & Henry P. Conn. *Workplace 2000: The Revolution Reshaping American Business*. New York: A Dutton Book, 1991.

Challenger, John A. "Strategies for Job Seekers," *The Futurist*, 36(4), July-August 2002.

Csikszentmihalyi, M. & R. Wolfe. *New Conceptions and Research Approaches to Creativity*(2000). in Heller, K. et al. eds. International Handbook for Research on Giftedness and Talent. Oxford: Pergamon, pp.81-93.

Drucker, Peter. *Post-Capitalist Society*. New York: Harper Collins, 1993, 이재규 역. 자본주의 이후의 사회. 서울: 한국경제신문사, 1995.

Flower, F. C. *Policy Studies for Educational Leaders*(3rd ed.). Boston: Allyn and Bacon, Inc., 2009.

Halal, William E. "The Rise of the Knowledge Entrepreneur," *The Futurist*, Nov-Dec 1996.

Hass, John D. *Future Studies in the K-12 Curriculum*(2nd ed.). Boulder, Co.: Social Science Education Consortium, Inc., 1988.

Holt, G. et al. *Education in England and Wales: A Guide to the System*. London:

National Foundation for Educational Research, 1997.

Hoy, Wayne. K. & Cecil G. Miskel. *Educational Administration: Theory, Research, and Practice*(6th ed.). New York: McGraw-Hill, 2001.

Ikujiro, Nonaka & Takeuchi Hirotaka. *The Knowledge-Creating Company*. Oxford Univ. Press, 1995.

Jensen, Rolf. *Dream Society*. 1999, 서정환 역. 드림소사이어티. 서울: 리드리드 출판, 2005.

Kahn, Herman. *World Economic Development*. New York: Morrow Quill Paperbacks, 1979.

Kozar, Kenneth A. *Humanized Information Systems Analysis and Design: People Building Systems for People*. New York: McGraw-Hill, 1989.

Land, George & Beth Jarman. "Future Pull: the Power of Vision and Purpose," *The Futurist*, July-August 1992.

Lane, Robert E. "The Decline of Politics and Ideology in a Knowledge Society," *American Sociological Review*, 21:5, Oct 1966.

Marien, Michael et al. *Future Survey Annual*. Bethesda, Maryland: World Future Society(2008-2010).

Marien, Michael et al. *The Futurist*, Bethesda, Maryland: World Future Society(2008-2010, 2015).

Martelli, Antonio. "Scenario Building and Scenario Planning: State of Art and Prospects of Evolution," *Future Research Quarterly*, 17:2, Summer 2001.

Martin, Doris & Karin Boeck. E.Q., 홍명희 역. 감성지능개발 학습법. 서울: 해냄, 1996.

Naisbitt, John. *Megatrends: Ten New Directions Transforming Our Lives*. New York: Warner Books, 1982.

Stapleton, James J. *Executive's Guide to Knowledge Management: The Last Competitive Advantage*. New Jersey: John Wiley & Sons, 2003.

Sveiby, Karl E. *The New Organizational Wealth*. San Francisco: Berrett-Koehler Publishers, 1997.

저자소개

김 길 룡

성균관대 교육학박사(교육사회·행정 전공)
(주)한국미래학연구원 부원장 역임
한국미래학연구원 원장 역임
한국외대·한양대·한성대 겸임교수 역임

저서 : 『디지털 지식사회 마인드』 (2001, 공저)

　　　　『지식근로자』 (2005) *문화체육관광부 우수학술도서

　　　　『지식근로 수련』 (2006)

　　　　『지식사회의 대학문화』 (2007)

　　　　『미래학 수련』 (2013)

　　　　『우리아이 미래주역 프로젝트』 (2015)

　　　　『지식경영·학습조직·예측의 시너지』 (2017)

　　　　『우리아이 꿈 만들기 프로젝트』 (2020)

　　　　『나의 꿈 만들기 프로젝트』 (2021) 외 다수

2030 지식근로자가 되는 길

초판 제1쇄 펴낸날 : 2024. 6. 30

지은이 : 김 길 룡
펴낸이 : 김 철 미
펴낸곳 : 백산서당

등록 : 제10-42(1979.12.29)
주소 : 서울 은평구 통일로 885(갈현동, 준빌딩 3층)
전화 : 02)2268-0012(代)
팩스 : 02)2268-0048
이메일 : bshj@chol.com

ISBN 978-89-7327-855-8 03320
값 20,000원